C. de l'Église de Félix.

SOUVENIRS DE LA CORSE

1858 à 1867

POEME PITTORESQUE

PRIX : 1 FR. 25

BASTIA

F. OLLAGNIER, LIBRAIRE-ÉDITEUR,

8, Boulevard du Palais, 8

1868

SOUVENIRS DE LA CORSE

DE 1852 A 1867.

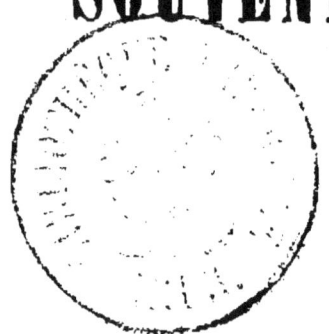

SOUVENIRS DE LA CORSE

DE

1852 à 1867

—

POËME PITTORESQUE

DÉDIÉ A LA CORSE

PAR

C. de l'Église de Félix

Receveur principal des Douanes.

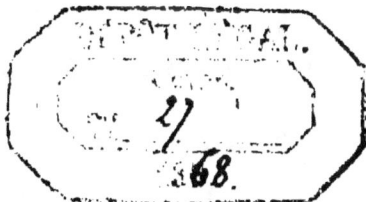

BASTIA

DE LA TYPOGRAPHIE OLLAGNIER.

1868

PRÉFACE

J'éprouve quelque embarras à faire connaître le jugement, trop indulgent peut-être, que trois personnes compétentes ont porté sur mon poëme. Il faut cependant bien que je le fasse, afin de justifier ma hardiesse d'offrir mon œuvre au public.

C'est d'abord un éminent magistrat, qui récemment a laissé à Bastia tant et de si justes regrets.

Bastia, 9 avril 1867.

« Je préfère cependant *la Corse* à tout le reste. (Il faisait
» allusion à mes autres poésies que je lui avais données à lire).
» Le malade guéri par la douceur du climat a merveilleuse-
» ment payé sa dette de gratitude. *La Corse* est sans con-
» tredit le morceau le plus remarquable et où les beautés de
» tout genre abondent le plus, selon moi. Tableaux, pensées,
» observations, détails de mœurs, aventures, tout provoque
» un intérêt sérieux et je ne doute pas etc., etc. »

C'est ensuite M. N. Martin, si avantageusement connu dans le monde littéraire par sa traduction des poètes allemands publiée par le *Moniteur*.

Paris, le 10 mai 1867.

« La Corse a trouvé en vous son poète. Mœurs, profils,
» paysages et ciel, tout m'en paraît reproduit dans vos vers
» avec une harmonieuse vérité. Vos scènes sont dramati-
» ques et l'on sent à chaque page que vous avez vécu heu-

» reux sur ces rives et que vous les avez aimées. Je vous féli-
» cite de faire ainsi de vos souvenirs et de vos impressions
» personnelles le brillant tissu de votre poésie. C'est un mi-
» roir qui réfléchira toujours les meilleurs sentiments, les
» plus douces images qui ont réjoui votre cœur et vos
» yeux etc., etc.

C'est enfin une jeune et aimable dame, aussi remarquable par les qualités de son cœur et de son esprit que par son incontestable beauté.

Bastia, 10 mai 1867.

. . . .

« Je me contente de juger votre œuvre au point de vue
» de l'esprit d'observation qui y est répandu partout, au
» point de vue artistique ; car vous prouvez que vous êtes bon
» peintre aussi bien que bon poète. Vous avez jugé les Cor-
» ses comme ils méritent de l'être : avec une certaine admi-
» ration pour quelques beaux côtés de caractère, une fierté
» qui ne manque pas de grandeur, un esprit d'indépendance
» qui serait sublime, si quelquefois les intérêts ne le lui fai-
» saient fouler aux pieds. Vous avez su tout à la fois donner
» à chacun ce qui lui est dû. La médaille est belle et le revers
» est juste. Pour moi voilà un immense mérite, un mérite
» que jusqu'à présent je n'avais point rencontré ici.

. . . .

» Ainsi, Monsieur, je crois que tous ceux qui vous liront
» vous tendront également la main ; car la vérité est si rare
» que lorsqu'on la rencontre, tout le monde n'a plus qu'à
» s'incliner devant elle. »

Ce qui me plaît le plus dans ces trois appréciations, c'est qu'elles sont d'accord pour reconnaître que je suis un ami et un admirateur sincère du beau pays que j'habite depuis quinze ans.

DE L'ÉGLISE DE FÉLIX.

SOUVENIRS DE LA CORSE

DE

1852 à 1867

I.

Ajaccio. — Paysans armés au marché.

D'un galon à mon frac la séduisante amorce,
Voilà plus de quinze ans, m'attira vers la Corse ;
Et pour m'en détourner à l'envi mes amis
Me citaient les journaux où les faits des bandits,
Qui depuis trop longtemps passionnent la foule,
Sont contés de façon à donner chair de poule,
M'envoyaient des romans *ad hoc*. Mon œil tomba
Sur le plus effrayant de tous : sur *Colomba*.
Tout mon sang, je l'avoue, affluait vers ma tête.
Bah ! me dis-je à la fin, ne soyons pas si bête
De prendre pour comptant ce sinistre fatras.
Qu'ont signé Merimée, Alexandre Dumas
Et bien d'autres encor. C'est un anacronisme
Que leur a fait commettre un excès de lyrisme.
En parlant de forêts, de monts et de makis
Il est bon en effet d'émailler ses récits
De lugubres horreurs, d'une trame bien noire.
Aux sources de l'Adour place-t-on son histoire ?

Un spectre s'y promène en quelque vieille tour,
Trainant un linceul blanc de minuit jusqu'au jour.
Dans un manoir gothique une belle captive
Aux échos de la nuit jette sa voix plaintive ?
A Séville, à Cadix mène-t-on le lecteur ?
Aussitôt le roman emprunte sa couleur
Aux scènes des amants qu'arme l'humeur jalouse
Et fait bruit du poignard qui frappe l'Andalouse.
Or, s'il s'agit de Corse, on parle *vendetta*.
De ce raisonnement mon esprit se flatta
Et je me mis en mer. Une brise légère
Le lendemain déjà me fit revoir la terre.
O terre d'orangers, de lentisques touffus,
De myrtes, d'arbousiers, de rochers chevelus,
Ton aspect me ravit et m'enchante ! J'admire
Ce golfe magnifique où la ville se mire,
Qui reflète le bleu de ton ciel toujours pur
Et qu'encadrent des monts à la cime d'azur.
Sous cet heureux climat, tout empreint de clémence,
Qui pourrait dans son cœur amasser la vengeance ?
J'oubliais qu'au séjour du fortuné jardin
Le meurtre prit naissance en l'âme de Caïn.
J'oubliais qu'au milieu des plus riches natures
Se cachent des serpents les familles impures ;
Que telle fleur, qui plaît sur le bord du chemin,
Porte souvent en elle un dangereux venin ;
Que le splendide Nil, à la course féconde,
Recèle dans ses eaux le crocodile immonde ;
Et j'oubliais enfin qu'on ne peut faire un pas
Sans rencontrer le mal près du bien ici-bas.

Avant de débarquer je voyais sur la place
Des paysans trainant au marché leur besace,

Pelone (1) sur l'épaule, au chef bonnet pointu,
Et barbe inculte autant que leur mâle vertu.
Mais à leurs flancs pourquoi la lame meurtrière
D'un stylet? et pourquoi porter en bandoulière
Ce fusil à deux coups?... Pourquoi ce cartouchier?
Ces gens-là seraient-ils entre eux à guerroyer?
Bah! me dis-je, sans doute ils vont à la battue,
Après avoir vendu leur *broccio* (2), leur laitue.
A l'instant un bateau vint me chercher à bord
Et l'esprit en repos je sautai sur le port.

 Ajaccio me plut. Douillettement assise,
Ses coteaux verdoyants l'abritent de la bise ;
A ses pieds elle voit le limpide cristal
D'une paisible mer, d'un golfe sans égal.
Ses palais sont coquets et ses villas riantes.
L'oranger y répand ses senteurs énivrantes.
Le cactus, l'aloës en bordent les sentiers,
Mariant leur verdure aux fleurs des églantiers.
L'olivier y déploie une ramée ombreuse,
Tant sous ce bon soleil la terre est généreuse ;
Et sans beaucoup d'efforts le palmier du désert
Peut étaler sa tige et son feuillage vert.

 Nous jouissions alors des beaux jours de septembre ;
Un air tiède, embaumé, pénétrait dans ma chambre.
Les oisifs remplissaient le cours Napoléon.
 « A quoi bon par ce temps rester à la maison
» Et pourquoi travailler? La prodigue nature

---

 (1) *Pelone*, long manteau à capuchon fait d'un drap à longs poils très grossier.

 (2) *Broccio*, fromage national fort estimé : on le mange frais de préférence.

» Suffit au jour le jour à notre nourriture.
» On comprend le travail sous un ciel froid et gris ;
» Mais on peut s'en passer sous ces climats bénits. »
Voilà comment ici raisonne la paresse.
En Corse, il faut le dire, elle est souvent maîtresse.
En se payant ainsi de trompeuses raisons,
De remuer le sol quand viennent les saisons,
On a des ouvriers arrivés d'Italie,
Qui, retournant chez eux leur besogne finie,
Emportent tous les ans le prix de leur travail (1)
Pour revenir après recommencer leur bail.
C'est ainsi que s'en va le peu d'or de cette île.
En vain à l'étranger la campagne fertile
Verse le superflu de ses blés, de ses fruits ;
La main-d'œuvre a d'avance absorbé les profits.
« Mais, direz-vous alors, ce peuple simple et sobre
» Et pour qui le travail est peut-être un opprobre,
» A son indépendance attachant trop de prix,
» Pour le luxe du jour doit avoir du mépris. »
Je le croyais aussi. Grande fut ma surprise
De voir tant d'élégance et de soin dans la mise,
Tant d'orgueilleux confort dans les appartements,
Demeures d'employés ou d'humbles artisans.
Ils veulent à tout prix passer pour être riches ;
Mais la chronique dit que souvent les pois chiches
Remplacent au dîner le bœuf, la poule au pot,
Le fricandeau juteux, le classique gigot.
Ils mettent en pratique un axiome étrange :

---

(1) On évalue généralement à plus d'un million la somme qu'ils emportent annuellement. Ces ouvriers sont connus sous le nom de *Lucquois,* qui est ici un terme de mépris.

« Ce qu'on porte se voit ; mais non pas ce qu'on mange. »
Un cordonnier boiteux fut mon *cicerone*
Dans la maison modeste où le grand homme est né.
C'est donc ici, me dis-je, où ce héros sublime,
Qui des plus grands honneurs sut atteindre la cime,
En naissant a pleuré sur le sein maternel,
Souffert, puis bégayé... comme un autre mortel !
Ici paisiblement s'écoula son enfance ;
De son noble avenir rien n'y dit l'espérance.
Seulement, arrivé vers l'âge adolescent,
Au bord du golfe seul il allait languissant,
Et peut-être, déjà tourmenté d'un grand rêve,
Il disait sa pensée au sable de la grève.

II.

La *vendetta*. — Le *vocero*.

Huit jours étaient passés : Un volume à la main,
J'étais à mon balcon humant l'air du matin.
Devant moi s'étendait jusques à la montagne
Le tapis diapré d'une riche campagne ;
Et je voyais toujours venir les paysans
Des villages voisins, armés jusques aux dents.
J'étais fort intrigué, comme l'on peut bien croire.
Les récits des journaux rentraient dans ma mémoire.
J'entrevoyais déjà que tout cet arsenal,
Suffisant pour braver le tigre au Sénégal,
N'est pas fait pour tuer dans de vulgaires chasses
Sangliers ou mouflons, merles, perdrix, bécasses.
Enfin j'en étais là de ma réflexion,

Quand l'écho m'apporta la détonnation
D'une arme à feu. Mon Dieu ! qu'est-ce donc ? dis-je. — Un
Vient d'en tuer un autre ici tout près. En somme, [homme
C'est de toute justice. Il a bien fait, ma foi (1).
— Bien fait d'assassiner ? m'écriai-je, et pourquoi ?
— Le mort devait cent francs dont il niait la dette ;
Un pistolet alors à la réplique prête.
— C'est plus expéditif, j'en conviens, mais... — Quoi ? mais...
Faut-il attendre encore que le juge de paix
Vous prouve clair et net, dans un obscur grimoire,
Que l'on ne vous doit rien ? Que dirait l'auditoire ?
Certes il aurait droit de rire à vos dépens.
— Peut-être... Mais tuer un homme pour cent francs !...
— Non, Monsieur, pour cent francs ; mais bien pour la justice.
C'est ainsi que chez nous nous ferons la police,
Tant que les tribunaux la feront à leur gré.
Garde toi, disons-nous, *moi, je me garderai* (2).
Voilà comment ici la guerre est déclarée,
Aussitôt qu'une haine entre nous est jurée :
OEil pour œil ! sang pour sang ! chacun se vengera.
Tel est notre devoir... Advienne que pourra !...
Quand nous avons laissé notre ennemi sans vie,
Lorsque notre vengeance est enfin assouvie,
Par de nombreux détours nous fuyons au makis,
Gardés par nos parents, nos gens et nos amis.
Dans le creux d'un rocher nous trouvons un asile,
Vrai nid d'aigle toujours d'un accès difficile

---

(1) Le fait s'est passé à 7 heures du matin, place du *Diamant* à Ajaccio. Cette réponse me fut faite par mon planton et à ma femme par sa cuisinière. C'était huit jours après notre arrivée.

(2) Formule consacrée pour déclarer une *vendetta*.

Et dangereux surtout à qui veut nous trahir,
Ou dans notre réduit viendrait nous assaillir.
Là nous recommençons cette noble existence
Du temps où nous luttions pour notre indépendance ;
Où l'avide Génois voulait nous asservir,
Où tout Corse jurait d'être libre ou mourir.
Les sentiers sont connus de nos amis fidèles,
Qui de notre foyer nous donnent des nouvelles
Et nous portent du plomb, de la poudre et du pain.
Souvent le vieux curé, par un étroit chemin,
De l'Évangile vient nous porter la parole ;
La prière ranime, encourage, console.
Quelquefois une épouse avec un bel enfant
Amène dans la grotte un bonheur d'un instant
Toujours trop court, hélas ! et notre solitude,
Ces chers êtres partis, n'en paraît que plus rude
Mais dans ce sentiment sachons nous affermir :
Que pour vivre vengés nous devons tout souffrir.
Vous frémissez.. Ailleurs, dites-vous, la vengeance
Aussi cruellement ne lave pas l'offense.....
Vous avez une épouse, une fille, une sœur.
Elles ont à garder leur part de votre honneur.
Un jour la sœur faiblit, ou l'épouse adultère
Imprime à votre front un honteux caractère ;
Ou votre fille pleure une fatale erreur
Dans son premier amour. L'infâme séducteur,
Vous n'irez pas chez lui le poignarder en face ;
Oh ! non ; mais d'un duel vous lui ferez la grâce.
Il vous tuera peut-être. Alors tout sera dit.
Il ne passera pas chez vous pour un bandit.
Et si la loi tentait de venger sa victime,
Un jury complaisant l'absoudrait de son crime ;

Et votre fils un jour verrait votre assassin
Peut-être des honneurs lui barrer le chemin.
Nous pensons autrement. Appelez-nous sauvages;
Mais il nous faut du sang pour venger nos outrages.
La mort d'un ennemi ne saurait trop payer
L'honneur de la famille et la paix du foyer.
Oui, de la *vendetta* tel est le caractère :
Franche, rude, implacable, enfant de la colère
D'un peuple généreux, brave, fier, indompté;
Mais sur d'autres que lui qui n'a jamais compté.
Mais que cet ennemi, dans un jour difficile,
Vienne sous notre toit demander un asile,
Il est l'hôte sacré que Dieu nous a conduit,
Il mange à notre table et dort dans notre lit.
Orsone voit un jour entrer dans sa chaumière
Matteo le bandit. Un grief séculaire
Les séparait. Toujours le meurtre avait scellé
Leur haine et trop de sang entre eux avait coulé.
Orsone, hors de lui, saisit sa carabine.
Frappe, dit Matteo, découvrant sa poitrine,
Venge-toi!... J'aime mieux expirer de ta main
Que tomber sous le plomb du gendarme assassin.
Non ! reprend Orsone, jetant au loin ses armes,
Non, jamais sous mon toit et contre les gendarmes
J'y défendrai tes jours. Romps avec nous le pain
Et dors sur notre couche en sureté. Demain
Je t'accompagnerai jusqu'au torrent. Ensuite
A te garder de moi la prudence t'invite.
Le passé!... Nul de nous jamais ne l'oublira
Et si mon œil te voit, ma balle t'atteindra. » (1)

---

(1) Autre formule consacrée.

Le mort fut apporté dans la maison voisine.
Une femme accourut, qui d'une voix chagrine,
La parole inspirée et la main sur le cœur,
Vint dire à son chevêt un chant en son honneur. (1)
L'usage a consacré ce chant sombre, bizarre.
Hélas! c'est un métier. Aussi n'est-il pas rare,
Bien qu'il doive exalter la douleur du moment,
Qu'il n'ait pas de rapport avec l'événement.
Cette fois la victime était peu respectable.
De la traite des blancs le négoce blamable
Avait pu l'enrichir, mais non pas l'honorer.
Le *vocero* pourtant se plut à la parer
De toutes les vertus qu'à bon droit on renomme.
C'était un laid vieillard : il en fit un bel homme,
Fort tendrement aimé. Sa veuve au désespoir
Dérobait ses vingt ans sous un long voile noir.
Son enfant au berceau devait un jour connaître
Le crime et l'assassin et sur les fils du traître
Il vengerait son père et mettrait son orgueil
A remplir leur maison de larmes et de deuil.
Ici pas d'orphelin, d'intéressante mère ;
Mais près du lit funèbre une vieille commère,
Des femmes en haillons poussant des cris affreux
Et qui faisaient semblant d'arracher leurs cheveux.
 Le cercueil apporté, le prêtre venu, vite
Après une oraison, quelque peu d'eau bénite,
La bière fut clouée et le mort transporté
A la prochaine église, où, seul, il est resté (2)

---

 (1) Un *vocero*. Merimée en donne des exemples. Celle qui le prononce est une *voceratrice*.
 (2) Cet usage, qui n'existait je crois qu'à Ajaceio et dans ses environs, tend tous les jours à disparaître.

Jusques au lendemain. Ce singulier usage
Confondit ma raison et me parut peu sage.
Comment subsiste-t-il au temps où nous vivons,
Quand, par plus d'un exemple, aujourd'hui nous savons
Que de la mort souvent la vie a l'apparence ?
Soyez d'une attentive et tendre vigilance
Près des êtres chéris que pleure votre amour,
Corses, veillez sur eux au moins tout un grand jour,
Tant que votre malheur n'est pas une évidence
Restez à leur chevêt et gardez l'espérance.
Soyons justes pourtant : votre zèle pieux
Par de touchants égards honore vos ayeux ;
Et si vous possédez un champ, une parcelle,
On y voit s'élever la modeste chapelle
Qu'entourent des cyprès, des fleurs en un enclos
Et qui de vos parents abrite les tombeaux.

III.

Le bandit. — Ses mœurs. — Episodes.

J'allais à Bastia pour une procédure.
Cinq Corses avec moi remplissaient la voiture
Et comme d'habitude armés : sur leurs genoux
Tenant droit comme un cierge un fusil à deux coups.
— Passe encor dans les champs ; mais dans la diligence !
Dis-je au plus près voisin. Cet excès de prudence
Me semble ridicule. — Oh ! me répondit-il,
En Corse il est toujours bon d'avoir son fusil.
Je pense, Dieu Merci ! n'avoir *aucune dette* ; (1)

---

(1) On entend par là la dette du sang. Cette réponse m'a été faite véritablement en diligence par un montagnard Corse.

Mais eût-on comme un saint la conscience nette,
Que de se bien garder tout nous fait une loi.
— A votre avis ainsi je suis imprudent, moi,
Qui n'ai qu'une badine ? — Oh ! vous, c'est autre chose.
A titre d'étranger vous êtes hors de cause.
Vous pouvez voyager et par monts et par vaux
Et nul ne troublera jamais votre repos.
Quelque jour, explorant un makis, une cime,
Peut-être verrez-vous sur le bord d'un abîme,
Un bandit et son chien. Suivez votre chemin,
Marchez à lui sans crainte, et, s'il vous tend la main,
C'est pour serrer la vôtre et non pour votre bourse.
Il vous proposera de guider votre course,
Quand il sera bien sûr, avec son œil rusé,
Qu'il ne voit pas en vous un sbire déguisé.
Acceptez-le pour guide. Il vous fera descendre
Dans le riant vallon qu'embellit le méandre
Du torrent qui mugit à travers les vergers.
Il saura vous conduire au milieu des bergers,
Dont le lait parfumé fait cette crème exquise
Que du nom de *broccio* l'idiome baptise.
Il vous racontera l'histoire du pays.
Ici, vous dira-t-il, dans cet épais taillis,
Le Génois orgueilleux a trouvé sa défaite.
Cette grotte masquée a servi de retraite
A Santa Lucia (1), qui, traqué comme moi,
Sut échapper dix ans aux soldats de la loi.
Là de brillants combats illustrèrent nos pères.
Plus loin un fusil double a tué les deux frères (2),

---

(1) Audacieux bandit.
(2) Voir *Colomba*. Le même fait s'est reproduit en 1865 dans le Fiumorbo.

Que guettait chaque jour un ardent ennemi.
De ce roc escarpé tomba Giacomoni (1),
Qu'assiégeaient bravement voltigeurs et gendarmes
Et qui mourut plutôt que de rendre ses armes.
Voyez-vous ce village au penchant du coteau ?
Un vieux curé l'habite. Une nuit le marteau
De la porte ébranla la paisible demeure.
Pour de pieux secours il est prêt à toute heure.
Il ouvre : Un Corse en traîne un autre garrotté.
— Cet homme va mourir ; mais pour l'éternité
Je ne veux pourtant pas, dit-il, damner son âme.
Confessez-le, curé; sauvez-le de la flamme ;
Faites sonner le glas et puis il périra
Et de m'être vengé Dieu me pardonnera (2).
— Enfin il vous dira, dans votre promenade,
La légende du lieu, l'héroïque ballade.
Peut-être serez-vous charmé de son esprit ;
Car sachez que plus d'un, avant d'être proscrit,
Fut avocat disert, ou fougueux journaliste,
Ou docte médecin, ou délicat artiste.
Aussi gardez-vous bien, monsieur, en le quittant,
De lui tendre un écu, comme remerciement.
Il est fier et son cœur ne saurait se résoudre
A prendre votre argent. Donnez-lui de la poudre,
Du plomb, un révolver, un poignard... au surplus,
A l'hôte des forêts que servent les écus ?
    Mais voici le relai. Chaque voyageur pense

---

(1) Autre fameux bandit.
(2) Les circonstances de cette *vendetta* m'ont été racontées par l'éminent Préfet qui alors administrait la Corse et que ses nombreux amis pleurent aujourd'hui.

Qu'il va s'indemniser d'une longue abstinence.
Nous nous précipitons à l'envi vers *l'hôtel*...
C'est ici comme ailleurs le nom sacramentel,
Ne dût-on y trouver que des œufs à la coque,
Hélas ! c'est, je vous jure, une triste bicoque !...
Dans une salle basse, espèce de hangar,
Une nappe tachée attriste le regard.
Je m'assieds et grignotte un pain de seigle et d'orge.
— « Mais quelle est cette odeur qui me prend à la gorge ?
Que va-t-on nous servir ? — « Du bouc en miroton.
Le bouc est renommé, monsieur, dans ce canton ».
Je ne connaissais pas ce produit culinaire
Et sa mine n'a pas de quoi me satisfaire ;
Mais j'ai faim et je goûte à l'horrible ragoût.
Mon appétit ne peut surmonter mon dégoût...
J'écarte mon assiette et de pommes de terre
Je vais me contenter... ô comble de misère !...
Dans la graisse de bouc elles nagent !... horreur !..
La première bouchée a soulevé mon cœur ;
Et pourtant j'ai grand faim ! Les œufs à la mouillette
Ne seront pas au bouc, sans doute. Je m'apprête
A les manger ; j'y mets du sel, comme l'on fait...
Mais d'une outre de bouc ce sel était extrait !...
Je crois m'évanouir et je demande à boire
Un peu de vin et d'eau... mais, voudra-t-on me croire ?
Le vin et le café, jusqu'au rhum, enfin tout
Ce que toucha ma bouche avait cet affreux goût.
Alors je n'y tins plus et je quittai la table
Et ce funeste hôtel... ô relai mémorable ;
Chez les empoisonneurs tu n'as pas ton pareil !
Je n'ai pas oublié qu'on te nomme Costeil ;
Mais je grave ton nom dans cette simple histoire

Avec tout le mépris que j'ai pour ta mémoire.
Dieu vous préserve, amis, de ces mets écœurants
Dont l'odeur me poursuit encore après quinze ans! (1)

IV.
La Foce. — Vivario. — Corte.

Sur les flancs escarpés d'une cime rocheuse
Nous montions lentement. La route sinueuse
Tantôt nous découvrait des horizons lointains ;
Tantôt se dérobait sous des touffes de pins,
Sous la voûte d'un roc. Parfois d'un précipice
L'aspect vertigineux me mettait au supplice
Et mon œil mesurait l'abîme en frémissant ;
Car de parapets point sur le gouffre glissant.
Souvent j'apercevais un pâtre sous un saule
Qui gardait ses moutons le fusil sur l'épaule ;
Singulière houlette, on en conviendra bien,
Ici, pas plus qu'ailleurs, je n'exagère rien.
Enfin nous arrivons sur un plateau sauvage (2),
Où notre postillon fait souffler l'attelage ;
Et puis, le rassemblant et lui rendant la main,
Sur le versant abrupt le lance à fond de train.
« Mon Dieu ! courir ainsi sur cette horrible pente !...
» Arrêtez, postillon ; je me meurs d'épouvante.

---

(1) J'affirme que j'ai fait ce déjeuner à Costeil.
(2) Col de la *Foce*, à la base du *Monte d'oro*. Point culminant de la route d'Ajaccio à Bastia : 1100 mètres au-dessus du niveau de la mer.

— « Monsieur, ne craignez rien ; monsieur, n'ayez pas peur.
Sur ces routes jamais nous n'avons de malheur ».
Et les mules couraient, couraient, et la voiture,
Imitant le roulis d'un brick sous sa voilure,
Aux arbres du chemin se heurtait par moments
Et sa caisse rendait de sombres craquements.
Alors, quelque talent que du siége on déploie,
A tous risques je vais m'élancer sur la voie,
Quand nous nous arrêtons et que pour le dîner
Chez mère Catherine on entendit sonner.
Costeil m'avait rendu méfiant. Catherine,
J'avais tort et je dois hommage à ta cuisine !...
O plantureux dîner du bourg Vivario,
Dîner qu'a terminé le délicat *broccio*,
Mon estomac refait se souvient de tes truites,
De tes merles rôtis, de tes cervelles frites ;
D'un salmis de perdreaux et d'une soupe aux choux
Dont Brillat-Savarin aurait été jaloux.
Je rentre tout heureux dans notre véhicule
Où l'on attèle en flèche une nouvelle mule.
On dit que nous allons monter jusqu'à Corte.
Je vais donc traverser cette antique cité.
Ce fut ta capitale, ô Corse, au moyen-âge ;
La cour de tes barons, seigneurs de haut lignage.
Tu vois avec orgueil ses remparts féodaux
Qu'ont illustrés jadis d'inutiles assauts.
    De paillettes d'argent parsemant la feuillée
La lune illuminait les monts et la vallée.
La neige scintillait au sommet des coteaux
Et la voix du torrent éveillait les échos.
Un poëte eût rêvé... Moi.. je n'ose le dire...
De ma digestion je subissais l'empire,

Et, mes sens maitrisant mon esprit alourdi,
Quand j'allais admirer, je me suis endormi.
En m'éveillant au jour, je vis le paysage
Agrandi, transformé. Nous courions vers la plage.
Les pentes en mourant s'inclinaient vers les flots
Et trois îles au loin sortaient du sein des eaux :
L'aride Caprara, Monte-Cristo conique,
Elbe, pendant dix mois le royaume ironique,
Du héros que la gloire un jour devait trahir
Et qui dans une autre Ile enfin devait mourir.
Dans un vague horizon à peine définie
Une teinte indiquait la côte d'Italie.
A la voile un pêcheur sous le vent traversait,
A l'Est une frégate à vapeur avançait.
Des villages nombreux parsemaient les collines ;
Leurs jardins fleurissaient sur le bord des ravines.
La nature sauvage hier m'avait attristé ;
Son aspect aujourd'hui me rendait ma gaité.
Enfin de ses clochers dominant la falaise
Nous apparaît au nord la cité Bastiaise.
Sur des rochers ardus se dresse son vieux fort
Qui surveille la rade et protège le port.
A ses pieds la fureur des vagues écumantes
Expire en lui jetant des gerbes frémissantes.
 Mais, le fouet enlevant nos mules au grand trot,
Au milieu du faubourg nous pénétrons bientôt.
Peu de moments après notre locomobile
Nous faisait traverser les quartiers de la ville,
Et puis, nous déposant sur un vaste trottoir,
Le conducteur nous dit poliment : au revoir.

V

Bastia. — La cour d'Assises.

Un bain tiède suivi d'un beefsteack nécessaire
A produit sur mes sens un effet salutaire.
Mes nerfs endoloris par d'incessants cahots,
Détendus maintenant, savourent le repos.
Mais à ce doux repos je m'arrache au plus vite
Et vais faire au palais ma première visite.
Un homme à barbe noire au banc des criminels
Doit redouter la fin des débats solennels ;
Et peut-être, malgré certains airs d'arrogance,
Ne partage-t-il pas cette ferme assurance
Qu'en un brillant discours montre le défenseur.
L'éloquent exposé de son accusateur
A vivement ému, remué l'assistance
Et bien souvent aussi troublé sa conscience.
A cette heure suprême un fatal préjugé
Par la voix du remords dans le cœur est jugé
Et l'image du Christ à toute âme murmure
Que le plus saint devoir est l'oubli de l'injure ;
Mais ce devoir, hélas ! il l'a trop outragé
Pour assouvir sa haine et pour être vengé.
Par un aveugle orgueil sa main toujours armée,
Dans le sang innocent quelquefois s'est trempée
Et ceux qui sous ses coups tombèrent, aujourd'hui,
Fantômes menaçants, se dressent devant lui.
Le premier, presque enfant a les traits d'une femme
Et dans son regard brille une céleste flamme.

« Tu fus le loup, dit-il ; moi l'agneau. Tes parents
» Furent les ennemis des miens et mes seize ans
» Ne purent arrêter ta rage meurtrière.
» Ta balle me frappa. Cependant ma prière,
» En mourant s'envola, demandant ton pardon.
» Ce vœu me fut compté par le Dieu juste et bon
» Et j'habite avec lui la divine demeure...
» Assassin ! entends-tu sonner ta dernière heure ?
» Le glaive de la loi va punir tes forfaits ;
» Dieu peut te pardonner ; mais les hommes, jamais !...
    Le second fut soldat. Sur un champ de bataille
Lointain, il a conquis une noble médaille.
» Enfant, j'avais quitté le foyer paternel,
» Lui dit-il, ignorant un préjugé cruel.
» Que de fois en Afrique, à notre brave armée,
» J'ai vu la mort de près !... Dans ma patrie aimée
» Je venais de rentrer, me livrant au bonheur
» De revoir mes amis, une mère, une sœur.
» Je ne te connais pas... Savais-je si mon père
» Avait au tien jadis déclaré haine et guerre ?
» Un soir du bourg voisin je revenais joyeux ;
» Un beau rêve d'amour passait devant mes yeux,
» Lorsque tu me frappas au seuil de ma demeure...
» Assassin ! entends-tu sonner ta dernière heure ?
» Le glaive de la loi va punir tes forfaits.
» Dieu peut te pardonner ; mais les hommes jamais ! »
    Le troisième, vieillard aux tremblantes allures,
Découvrant sa poitrine y montre deux blessures.
« Voilà trente ans, dit-il, ton père me frappa ;
» Mais j'étais jeune alors ; sa rage se trompa.
» Et cependant, mon cœur, oubliant ses injures,
» De son sang et du tien mes mains restèrent pures.

» Je prêchais la concorde aux miens, à mes amis,
» Lorsque un soir à leurs pieds, lâche, tu m'étendis,
» Hâtant de peu de jours le deuil en ma demeure......
» Assassin ! entends-tu sonner ta dernière heure ?
» Le glaive de la loi va punir tes forfaits.
» Dieu peut te pardonner ; mais les hommes jamais ! »
    Le jury cependant a repris sa séance.
Il se fait dans la salle un solennel silence.
Que sera son verdict ? Chacun avec émoi
Attend le jugement et l'arrêt de la loi.
« Non l'accusé par nous n'est pas jugé coupable »,
Dit le chef des jurés. « Assassin misérable !
» Les hommes t'ont absous, crie une voix soudain:
» Je te condamne, moi. Tu mourras de ma main (1) ».
    Où trouver le pendant d'une pareille audace ?
Mais, pensai-je *in petto*, l'auteur de la menace
Sans doute dès ce soir va coucher en prison
Et le froid du cachot lui rendra la raison.
Non.., et c'est vainement que la garde qui veille
Sur la foule compacte ouvre l'œil et l'oreille ;
Rien ne dénoncera cet homme audacieux,
Qui, protégé par tous, s'esquive de son mieux.
Mais dans la galerie et sous le péristyle,
Pendant qu'à flots pressés l'auditoire défile,
Que le bandit absous avec ses amis sort,
Le bras d'un inconnu le frappe et l'étend mort (2).

---

(1) **Historique.**
(2) **Idem.**

VI.

Promenade en ville et en rade.

J'échappe avec horreur à cette triste scène
Et devant moi je vais où le hasard me mène.
En voyant au dehors le peuple en mouvement,
Je me crois transporté sur notre continent.
Ici moins de paresse ; aussi moins de misères.
Loin de flaner ici l'on court à ses affaires.
Les antiques quartiers sont étroits, tortueux.
Rien n'y séduit les sens ; rien n'y flatte les yeux.
On n'y voit nulle part le square aux fraiches ombres ;
Point de palais riants ; mais des demeures sombres.
Un rayon de soleil n'a jamais pénétré
Dans la triste ruelle où je me vois entré.
On y respire l'air d'une humide caverne.
Mais avant d'arriver à la cité moderne,
Je suis conduit au port. Là quelques gros bateaux
Sont amarrés aux quais par de puissants anneaux.
C'est qu'au Sud, me dit-on, la darse sans jetée, (1)
Par les vagues du large est souvent tourmentée,
Et que, s'entre-choquant sous les forts coups de vent,
Les navires entre eux se brisent trop souvent.
L'approche a les dangers que redoute un pilote
Et, s'il vient d'éviter les rescifs de la côte (2),

---

(1) On en a construit une depuis.
(2) Le beau bateau à vapeur à hélice *la Louise* s'y est perdu en février 1860, à l'entrée du port : sur 84 passagers ou hommes d'équipage, 40 seulement ont pu se sauver.

Le lion de granit (1), dans l'enceinte du port,
Lui barre le chemin, quand il vire de bord.
Avant de s'amarrer peu s'en faut qu'il ne sombre.
Et cependant, malgré des obstacles sans nombre,
Des périls incessants, le travail est partout.
Douaniers, porte-faix, jour et nuit sont debout.
Apporté de Rio (2), le minerai chemine
Sur de lourds camions, vers cette noire usine (3),
Dont le vaste creuset, qui domine la mer,
En pierres le reçoit et le transforme en fer.
Ramené sur le quai, ce fer part pour la France,
Où souvent, pour venir en aide à l'élégance,
L'artiste le façonne en corsets, en jupons.
Bien plus souvent, hélas ! il en fait des canons,
Des sabres, des boulets, ou l'énorme cuirasse,
Qui d'un léger vaisseau fait une lourde masse.
Enfin à Bastia je vois des ouvriers.
Peu de moments après, j'entre dans les quartiers
Nouveaux et populeux : je suis dans la *Traverse*,
Artère principale et centre du commerce.
Ici de l'air, du jour, de somptueux bazars,
Où le luxe et la mode attirent les regards,
Où des bonbons exquis s'offrent aux fantaisies ;
D'élégantes maisons, aux vertes jalousies,
Qui me dérobent trop quelque gentil minois
Dont l'œil noir étincèle à travers les parois.
Je suis vraiment ici dans la ville coquette.
Passent auprès de moi des dames en toilette,

---

(1) Plusieurs Géographes en parlent ; on l'a fait sauter en 1859.
(2) Rio, Ile d'Elbe.
(3) L'usine métallurgique de Toga, à 2 kilomètres de Bastia.

Bon goût, svelte tournure et beaux traits ; pieds divins.
Leurs gants sont faits exprès pour leurs petites mains.
« Ces dames sont peut-être au pays étrangères ?
— Non, Monsieur, me dit-on, leurs maris sont notaires,
Avocats ou rentiers, employés ou marchands
Et c'est à Bastia qu'elles ont leurs parents. »
   Le lendemain, sur mer bien que parfois malade,
Je voulus admirer Bastia de la rade.
De son panorama je demeure enchanté.
Sur un riant coteau s'étage la cité.
Le vallon du Fango lui prête ses ombrages.
D'élégantes villas, des hameaux, des villages
Surplombent le torrent dont le lit écumeux
Dessine sur les prés son caprice onduleux.
Le pin et l'olivier couronnent les arêtes
De rochers escarpés. Ces blanches maisonnettes
Disent Sainte-Lucie, ou se nomment Cardo,
Pietra-Nera, Miome, Erbalunga, Brando.
Ici du noir Toga se dressent les fournaises.
Leurs flammes dans la nuit éclairent les falaises,
Les vagues et les monts, et font rêver l'enfer
Au pilote égaré sur une sombre mer.
Là de Lavasina s'élève la chapelle,
Dont la cloche rustique aux prières appelle
Le dévôt pélerin, le marin du pays,
Qui d'*ex voto* pieux ont orné ses lambris.
Comme ombre à ce tableau, je vois avec tristesse
Au sommet des ravins plus d'une forteresse
Qui rappellent le temps où l'orgueilleux Génois
Tint la Corse captive et lui dicta ses lois.
Des Empereurs Romains, ces tyrans d'un autre âge,

Date une vieille tour que l'on voit du rivage (1).
Elle tint prisonnier pendant huit ans, dit-on,
L'illustre philosophe, émule de Platon.
Oubliant en exil ses anciennes largesses,
C'est là qu'il écrivit le *mépris des richesses*.
Plus tard des Sarrazins redoutant les retours,
Le Corse sur la plage éleva d'autres tours.
Elles sont toujours là, ces fières sentinelles,
Bravant la faux du temps qui ne peut rien sur elles.
C'est que pour les bâtir ce peuple indépendant
A trouvé le secret d'un éternel ciment ;
Pour qu'aux âges futurs cette noble ceinture
De toute invasion repoussât la souillure.

 Bientôt je m'aperçus que mon frêle canot,
Assailli par le vent, tourmenté par le flot,
Sur les brisants voisins s'en allait en dérive.
Il était temps, ma foi, d'être sur le qui-vive.
Le libeccio (2) soufflait, la rive blanchissait,
Les nuages volaient et la mer mugissait.
Pour regagner le port je fis force de rames ;
J'y fus vite porté sur d'effrayantes lames.
De mes émotions je fais grâce au lecteur
Et passe sous silence aussi mon mal au cœur.
Mais quand j'eus de mes yeux vu le danger en face,
Je murmurai tout bas ce passage d'Horace,
Qu'en pareil cas chacun comme moi redira :
Illi robur et œs triplex... et cœtéra.

---

 (1) La tour de Sénèque.
 (2) Vent violent, cousin germain du mistral de Provence.

VII.

Retour à Ajaccio. — Santa-Lucia.

Ajaccio la belle était fort animée
Le jour où j'y rentrai. La police et l'armée
Fouillaient chaque recoin de certaine maison
Où les cancans publics disaient, non sans raison,
Que Santa-Lucia, pendant une semaine,
Audacieusement avait élu domaine.
Il avait, disait-on, été vu tous les jours
Se mêlant sans façon aux promeneurs du cours,
Portant des vêtements d'une élégance rare.
Il avait osé même allumer son cigare
A celui d'un gendarme (1). Aussi sous cet habit
Qui donc eût reconnu le rustique bandit?
A quelque grand seigneur on eût cru faire insulte.
L'artiste avait frisé sa chevelure inculte,
Rasé sa longue barbe et ses noirs favoris,
Caché son teint bistré sous la poudre de riz;
Sa main était fort bien gantée et l'on assure
Que d'un vrai gentlemann il avait la tournure.
Un ennemi pourtant avait *ab irato*
Dévoilé le secret de son incognito.
La police aussitôt se mit à sa poursuite;
Mais à temps averti par un fidèle, vite
Il avait décampé, laissant dans son logis,
Pour narguer les agents son adresse au makis.
Pendant qu'on le cherchait vainement, les commères

---

(1) Historique.

Se plaisaient à conter ses exploits téméraires,
Ses moyens de vengeance atroces, raffinés,
Sa ruse à déjouer les assauts combinés
Que des sbires souvent a subis sa retraite ;
Citaient ceux qu'a tués son adroite escopette.
Dans les groupes enfin son histoire courait.
Innocent et paisible au village il vivait,
Quand son frère, curé, fut accusé d'un crime.
Bien des faits s'unissaient autour de la victime
Pour dénoncer ce prêtre. Avec les plus grands soins,
La justice du lieu rechercha les témoins.
Prudents ou timorés, quelques-uns hésitèrent ;
Mais la plupart d'entre eux par malheur affirmèrent
De bonne foi peut-être ; un surtout apporta
La preuve *de visu*. Pourtant on écarta
Le fait prémédité. Mais bientôt pour le bagne
Cet infortuné prêtre échangeait sa montagne,
Résigné, confiant, opposant au malheur,
Sa conscience pure et la paix de son cœur.
Son frère désolé savait son innocence ;
Mais seul il n'en put pas constater l'évidence,
Et par lui, les témoins qu'il traitait de menteurs,
De lâches ennemis, d'infâmes détracteurs,
Furent tous condamnés. Leur mort fut résolue.
Cependant par calcul il n'ôta que la vue
A celui qui devant la Cour avait juré
Qu'il avait *de ses yeux* reconnu le curé.
« Pour tes justes remords je veux te laisser vivre ;
» Mais tes yeux ont menti, dit-il, je t'en délivre.
» Si l'on te prend encore à témoin désormais,
» Tu ne pourras du moins dire: *j'ai vu les faits* (1) ».

---

(1) Historique.

Un autre, marié depuis un mois peut-être,
Avec sa jeune épouse était à sa fenêtre.
Il lui brisa le crâne. Ajaccio dormait
Un beau matin qu'armé dans la rue il guettait
Un troisième témoin, médecin. A cette heure
Il allait à la messe. Au seuil de sa demeure,
Il l'étendit sans vie. Aussitôt le quartier
En masse se leva contre le meurtrier.
On voulut vainement l'arrêter. Sur la plage
Un douanier, cherchant à barrer son passage,
Lutta bien avec lui ; mais fut en un moment
Désarmé, renversé, blessé mortellement.
Je pourrais vous citer d'autres meurtres : c'est triste.
Qu'il me soit donc permis d'en clore ici la liste.
 Par le pouvoir divin un jour la vérité
Vint frapper tous les yeux de sa pure clarté.
Et la justice enfin connut le vrai coupable.
Le Souverain, touché d'un arrêt regrettable,
Daigna par sa clémence en suspendre le cours
Et le prêtre innocent eut encor d'heureux jours.
Un soir un étranger, sous une ample lévite,
Sous un feutre à grands bords, vint faire une visite
A l'un des magistrats, conseiller à la Cour.
« Du séjour des forçats à peine de retour,
Je suis venu vers toi, toi dont chacun publie
L'intégrité. L'honneur m'est plus cher que la vie,
Plus que tout en ce monde, et tu me l'as rendu
Et chez les miens le calme est enfin descendu.
Que ne te dois-je pas et que pourrai-je faire
Pour m'acquitter jamais ?... Mon ardente prière
Pour toi matin et soir au ciel s'envolera.
Le Tout-Puissant qui voit nos cœurs l'exaucera.

— J'accepte, homme de bien, ton offrande pieuse,
Reprit le magistrat, et mon âme est heureuse
Du peu que j'ai tenté pour éclairer la loi;
Mais tu peux encor plus que de prier pour moi.
Retourne à ces makis, où ton coupable frère
Poursuit pour te venger sa lutte sanguinaire.
Dis-lui qu'il n'est déjà que trop de sang versé;
Que le temps est venu d'oublier le passé
Et qu'ainsi l'a voulu la sainte Providence
En faisant au grand jour luire ton innocence.
— Magistrat, dit l'abbé, ce noble sentiment
Trouve écho dans mon âme et, j'en fais le serment,
Pour remercier Dieu d'avoir brisé ma chaine,
Mon frère sur l'autel va déposer sa haine. »
　　Il a tenu parole et depuis, me dit-on,
Nul meurtre n'a jamais désolé le canton.

VIII.

Retrait du port d'armes. — Nouvelle Dalila.

Par un homme éminent la Corse administrée
Peut rêver le retour du beau siècle d'Astrée.
Les crimes incessants tourmentaient ce grand cœur.
Il mit à les combattre une sévère ardeur.
Aux mains du paysan trop librement laissée
L'arme excitait souvent une lutte insensée.
Le port en fut un jour par décret interdit.
On murmura tout bas. Certain mauvais esprit
Cria que ce décret était presque un scandale
Et qu'en France pour tous la loi doit être égale;

Que sur le continent, pour un léger impôt,
On laisse le port d'arme à l'homme comme il faut ;
Que par là l'on entend l'homme de mœurs tranquilles,
Paysan, montagnard, ou citoyen des villes;
Mais au jour assigné ce bel esprit subtil
Eut soin de renfermer lui-même son fusil.
Par la majorité la loi fut respectée
Et partout elle fut sur l'heure exécutée.
Mais comment arriver à purger les makis
De leurs hôtes nombreux, des célèbres bandits ?
Le crieur de la loi du bruit de sa trompette
A vainement frappé l'écho de leur retraite.
Pas un n'accrochera son arme au ratelier ;
Pas un ne se rendra lui-même prisonnier.
Tant que de leurs parents le déplorable zèle
Du crime dans leur âme entretient l'étincelle,
Garnit leur arsenal et leur garde-manger,
Leur signale avec soin l'approche du danger,
Toujours prêts à l'attaque, ils tiendront la campagne,
Défendant bravement l'accès de leur montagne.
Pour les réduire donc il faudra des moyens
Réprouvés par le cœur, rudes, draconniens....
Et d'abord tout parent, tout ami, tout complice,
Que le bruit général dénonce à la police
Comme favorisant les actes d'un bandit
En prison expiera ce complaisant délit.
Bientôt par cette loi des familles entières
Dans le fond des cachots gémirent prisonnières.
Tant de rigueur froissait l'âme du magistrat;
Mais tout devait céder devant le résultat.
Ensuite.... Mais comment oserai-je le dire?....
Par l'appât d'un peu d'or on tenta de séduire ;

Aux champs comme à la ville on chercha des judas...
Je voudrais affirmer que l'on n'en trouva pas...
Hélas ! Je ne le puis.... au moins ils furent rares.
Je n'en connais que deux dont de honteuses arrhes
Souillèrent et les mains et le cœur. A ceux-là
J'ajoute avec horreur une autre Dalila.

    Un bandit redoutable avait eu la faiblesse
De s'éprendre d'amour. Elle était sa maîtresse.
On fit luire à ses yeux mille francs... un trésor...
Elle sut résister quelque temps ; mais de l'or
Le son vertigineux troubla, perdit son âme.
Elle était pauvre, jeune... Elle était faible femme...
« Demain, dit-elle un jour, tu viendras dans ce bois
» Qu'ensemble nous avons parcouru tant de fois.
» Ami, là, tu le sais, est une maisonnette,
» Cachée à tous les yeux sous une ombre discrète.
» J'y porterai des fruits, du laitage et du vin
» Et tous deux nous ferons un amoureux festin ».
    Le lendemain l'amant heureux, sans défiance,
Arrive au rendez-vous, non sans avoir d'avance
D'un regard exercé fouillé de la forêt
Les sombres profondeurs. La perfide attendait.
Il entre... tout est clos, verrouillé... le mystère
Et le silence et l'ombre entourent la chaumière.
« Cet endroit est bien fait pour y parler d'amour ;
» Ami, restons ici jusqu'à la fin du jour,
» Dit-elle.... Au même instant on frappait à la porte.
» — Ouvrez de par la loi, dit-on d'une voix forte...
» — Trahi, trahi par toi ! c'est souffrir mille morts,
» S'écria le bandit ; mais un jour tes remords
» Me vengeront de toi... qu'eût fait de plus ta haine ?
» Va-t-en ;... de te tuer je ne prends point la peine ».

Il dit, et s'élançant aussitôt comme un trait,
De ses deux coups de feu par terre il étendait
Deux hommes, et laissant frappés de son audace
Les autres l'arme au bras, il gagnait de l'espace :
Mais il tombait bientôt sous une de ces croix,
Souvenir solennel de sinistres exploits.
Celle-ci rappelait sa dernière victime.
Ainsi sur le lieu même il expiait son crime (1).

IX.

Autre trahison.

Un homme... laissez-moi vous épargner son nom,
Devant des sacs d'écus tenté par le démon,
Un jour fit le serment au chef de la police
De livrer son ami... que ne peut l'avarice !...
Après avoir longtemps marchandé le tarif,
« Vous l'aurez, lui dit-il, vous l'aurez mort ou vif ».
    A quelque temps de là cet homme se présente ;
Du sang de son ami sa main est ruisselante.
« Je l'ai tué ! dit-il... O regrets superflus !...
» Je l'ai tué ! Malheur !... Pour ces quelques écus,
» Ah ! maudit que je suis ! comment ai-je pu vendre,
» Assassiner celui que je devais défendre !...
» Je suis devenu fou lorsque votre or a lui....
» Hier depuis le matin je chassais avec lui,

---

(1) Après des épisodes de cette force, je crois qu'il est nécessaire que j'avertisse de nouveau le lecteur *que je n'invente rien.*

» Pensant avec horreur à ma lâche promesse ;
» Mais abjurant alors un moment de faiblesse
» Et si sur mon chemin un gendarme eût passé,
» A mes pieds sans pitié je l'aurais terrassé.
» Mais le jour va finir, la fatigue nous gagne ;
» Nous cherchons un asile au creux de la montagne ;
» Et là, tenant toujours notre arme d'une main,
» De l'autre nous mangeons quelques fruits et du pain,
» En échangeant des mots d'une amitié sincère.
» Depuis longtemps, dit-il, en toi je vois un frère
» Et jusqu'au dernier jour tu trouveras en moi
» Partout le bras, le cœur, le sang toujours à toi.
» Quelqu'un te gène-t-il ? dis-moi son nom : je jure
» Que pour t'en délivrer j'ai la main ferme et sûre.
» As-tu besoin d'argent ? Tu sais, quand il le faut,
» Sur quelque ennemi riche on prélève un impôt (1).
» Cela n'est pas voler ; non, c'est de bonne guerre
» Et nul n'osa jamais tenter de s'y soustraire.
» Mais si je suis à toi, c'est que j'ai bien compté
» Sur toi de mes amis le seul qui m'est resté.
» Beaucoup d'autres ont fui dispersés par la crainte
» Ou du bandit chez eux la mémoire est éteinte.
» Je sais que quelques-uns languissent en prison,
» Avec mes vieux parents dont la pauvre maison,
» Qui nous a tous vus naître, est maintenant fermée.
» De loin je ne vois plus s'élever sa fumée.

---

(1) Il arrivait assez souvent qu'un bandit écrivait à un ennemi de déposer dans le creux d'un arbre désigné, ou sous une roche indiquée, une somme de... en lui recommandant le secret *sous peine de la vie*. On se gardait bien de ne pas obéir.

» On dit qu'en me rendant j'adoucirais leur sort.
» Me rendre !... Non, jamais !... Ils ne m'auront que mort.
» Errant depuis vingt ans dans ces bois, mon audace
» De cinq arrêts de cour a bravé la menace.
» Je ne veux pas mourir comme un vil criminel,
» Ou du bagne à Cayenne affronter l'air mortel.
» De ces monts élevés tu vois d'ici le faîte.
» Là j'ai fortifié, crénelé ma retraite,
» Inaccessible même à l'agile mouflon (1).
» De là rien à mes yeux ne bornant l'horizon,
» Au loin du voltigeur j'aperçois la cocarde.
» Contre toute surprise ainsi je suis en garde
» Et je me sens de force à résister longtemps ;
» Mais je souffre de voir que tant de braves gens
» Sont tourmentés pour moi ; car sous ma rude écorce
» J'ai du cœur, tu le sais. D'abandonner la Corse
» J'ai donc fait le projet. Alors l'autorité
» Sans doute à mes parents rendra la liberté.
» Au surplus au makis à présent que ferai-je
» Que m'exposer sans but à périr dans un piége ?
» Les miens ne sont que trop vengés et désormais
» Avec nos ennemis nous allions vivre en paix.
» Enfin je veux partir. A toi seul je confie
» Ce secret d'où dépend mon honneur et ma vie.
» De trouver les moyens je te laisse le soin.
» Sur la côte déserte il est bien quelque coin,
» D'où fuyant mon pays, comme Bias le sage,

---

(1) Les débats de la cour d'assises de Grenoble (novembre 1866) ont révélé tous ces détails et d'autres plus étranges peut-être à propos du bandit Forcioli qui a tenu 30 ans la campagne en Corse.

» Je puisse n'embarquer que moi pour tout bagage.
» Mais la nuit est venue. Il est temps de dormir.
» Demain nous mûrirons ce projet à loisir.

. . . .

» O la fatale nuit ! quelle atroce pensée
» Dans mon âme en dormant s'est de nouveau glissée ?
» En songe ai-je revu l'exécrable métal ?
» Ai-je perdu la tête à son bruit infernal ?
» Dieu sait !... mais réveillé par la voix expirante
» De mon ami... mon arme était encor fumante...
» J'étais son assassin !.. l'émule de Judas !...
» Ah ! que du moins votre or ne m'avilisse pas !...
» Jouet d'un cauchemar affreux, inexplicable,
» Je suis un malheureux ; mais non un misérable ».

X.

Chasse aux bandits.

Traqués de toute part, isolés ou trahis,
Privés de tout secours, les terribles proscrits
S'enfuyaient en Sardaigne, en Grèce, en Amérique,
Quand sur la côte abrupte ils gagnaient une crique,
S'abandonnant aux flots avec un frêle esquif,
Au risque de sombrer sur le moindre rescif.
Plusieurs sont arrivés sur la terre étrangère.
Ils y trainent depuis leurs regrets, leur misère ;
Mais des plus redoutés on ignore le sort.
Sur les îlots voisins ont-ils trouvé la mort ?
Se cachent-ils au fond d'antres impénétrables
Et pour un ami sûr seulement abordables ?

L'avenir le dira. (1) Quelques-uns (deux ou trois)
Errants, abandonnés, sur les monts, dans les bois,
Sont allés présenter leurs poignets aux menottes
Et du greffier en chef amplifier les notes.
    Un jour un paysan entre chez l'officier
De la gendarmerie. « On promet de payer
» Une prime, dit-il, pour un bandit... qu'il nomme...
» (Le nom ne me vient pas). Est-ce une forte somme ?
» — Deux mille francs. — C'est bien.... Alors arrêtez-moi,
» Et donnez-moi l'argent. Je suis ce bandit. — Toi ?
» — Oui, moi-même. A me rendre il faut bien se résoudre.
» J'ai contre vos soldats usé toute ma poudre.
» On m'a tué mon chien et je n'ai plus de pain,
» Dans ma grotte avant peu je serais mort de faim.
» Si je dois succomber en prison, à Cayenne,
» Que du moins cette prime à ma femme parvienne.
» D'élever notre fils elle aura le moyen.
» Moi pour elle et pour lui je n'étais bon à rien.
» De leurs plus grands chagrins jusqu'ici je suis cause.
» Il est temps que pour eux je fasse quelque chose ».
    Un autre fièrement écrivit au préfet :
« Vous avez mis ma tête à prix. Si l'on tentait
» De la livrer, sachez que je puis la défendre !...
» Mais à vous je me rends. Seul venez donc me prendre.
» *Seul*, entendez-vous bien ?... je vous attends demain
» Près de la croix de bois qui borde le chemin
» En avant d'Evisa (2). Mais si de la police

---

    (1) Il l'a dit. Le 5 mars 1866, la cour de Bastia en a jugé un qui était resté 18 ans sans sortir de son repaire inaccessible.
    (2) Village adossé à la grande forêt du même nom.

» Autour de vous, préfet, je vois le moindre indice,
» Vous ne m'aurez jamais et pour votre malheur
» Vous apprendrez comment je sais viser au cœur ».
    Certes cette entreprise était bien téméraire,
Et pourtant le préfet, avec son secrétaire,
Vint sans la moindre escorte au rendez-vous donné.
Ce lieu par la forêt était avoisiné,
Et c'était un bas-fond entouré de silence,
Où de la croix de bois la muette éloquence
Racontait au passant un sinistre forfait.
Pour un crime, à coup sûr, cet endroit semblait fait.
L'aspect morne, glacé, de cette solitude
Inspirait malgré soi certaine inquiétude.
Après un long quart d'heure, un homme enfin sortit
D'un bouquet d'arbousiers. C'était notre bandit (1).
Il était désarmé. Sa longue chevelure,
Arrangée avec soin, encadrait sa figure,
Que masquaient à moitié ses épais favoris
Et sa barbe où perçait une teinte de gris.
Son œil était hardi. Sa fière contenance
Décelait un esprit d'une ferme assurance.
Son vêtement entier était d'un gros velours
Dont le Corse orgueilleux se pare aux plus grands jours.
Son feutre à larges bords inclinait sur l'oreille.
« C'est toi, dit le préfet, qui m'écris?... à merveille.
» Monte près du cocher... quel crime as-tu commis ?
» — Aucun. J'ai combattu contre mes ennemis,
» Et je les ai tués en défendant ma vie.

---

(1) Ce bandit est le fils de Théodore Paoli, de Guagno, qui se faisait appeler le *Roi de la montagne*.

» Plus adroits ou plus forts, ils me l'auraient ravie.
» — Pourquoi donc te rends-tu ? — C'est bizarre ; mais franc.
» Je ne veux pas qu'un autre aille vendre mon sang.
» A quelque malheureux j'épargne cette honte.
» — Ta pensée est louable et Dieu t'en tiendra compte.
» — Et les hommes, préfet ?... — Je ne réponds de rien.
» — Chacun dans le pays vous dit homme de bien.
» J'ai mon espoir en vous. — Mets-le dans la justice.
» — A côté du bon droit trop souvent elle glisse ».
   Le procès fut instruit et sa soumission
N'adoucit pas, hélas! la condamnation.
Il traîne le boulet pour vingt ans à Cayenne.
Gare, gare au préfet qu'un jour il ne revienne.

XI.

Grands hommes de la Corse.

Le bon sens, le repos trop longtemps méconnus,
Dans cette île à la fin nous semblent revenus.
D'Arbellara (1), foyer de la discorde éteinte
Les plus humbles maisons avaient un mur d'enceinte,
Solidement fermé, couronné de créneaux,
Du voisin ennemi défiant les assauts.
Ces remparts sont tombés. Au village, à la ville,
Chacun voyagera désormais plus tranquille.
Chacun pourra dehors respirer le printemps

---

(1) Commune du canton d'Olmeto, arrond. de Sartene. Elle est tristement célèbre par les sanglantes luttes des Forcioli et des Giustiniani.

Sans se faire garder, sans s'armer jusqu'aux dents.
Le citadin, qui va par delà la barrière,
Ne redoutera plus la balle meurtrière
Du bandit embusqué jusques dans son jardin,
Ou qui guette son homme au détour du chemin.
Déjà l'opinion flétrit le banditisme
Qu'elle qualifiait naguère d'héroïsme.
Les jurés jusqu'ici timorés ou séduits,
A ceux que devant eux la vengeance a conduits
Ont accordé souvent un verdict de clémence.
Leurs arrêts maintenant n'ont plus de complaisance.
Eh bien ! puisque la paix sourit à l'avenir,
Écartant du passé le cruel souvenir,
De la Corse guerrière évoquons les annales,
Ses coutumes, ses lois, ses mœurs patriarcales.
Voyons-la déployer un courage indompté,
Exercer les vertus de l'hospitalité.
Arrêtons nos regards sur ces grandes figures
Que désigne l'histoire à ses races futures :
Sampiero, Paoli, Gentile, Cervoni,
Abbatucci, Rossi, les Sébastiani,
Arrighi, d'Ornano, Franceschi... noble liste,
Que domine le nom de l'Empereur légiste.
Lorsque tu gémissais sous Carthage, ô Cyrnos ! (1)
Qui t'eût dit que de toi naîtraient tant de héros !

SAMPIERO.

Intrépide soldat et Corse de naissance,
Sampiero combattait sous le drapeau de France,

---

(1) Nom primitif de la Corse.

Quand en libérateur sur cette île il flotta (1).
D'expulser les Génois sa haine se flatta.
Devant lui de Corte les portes sont ouvertes.
Ajaccio se rend. Après de grandes pertes
Cèdent les défenseurs de Bonifacio.
Il conquiert St-Florent, Bastia, le Nebbio.
Avec cinquante amis, sa redoutable escorte,
Il bat de Spinola la nombreuse cohorte (2).
Il entraine à Tenda deux vaillants bataillons
Et des Génois surpris sabre les légions (3).
Par de bruyants vivats sa présence accueillie
Réveille dans les cœurs l'amour de la patrie (4).
Sous son noble guidon chacun vient se ranger,
Criant : Vive la Corse et guerre à l'étranger !
Enfin de Caccia la brillante victoire
Abat ses ennemis et couronne sa gloire (5).
Fallait-il que cet homme, après de tels exploits
Sous un glaive assassin mourût au coin d'un bois (6) !

Pascal Paoli.

Général éminent, législateur habile,
Paoli prit à cœur de pacifier l'Ile,
Après avoir conquis de glorieux succès ;

---

(1) 1553.
(2) 1554, Combat de Silvareccio.
(3) 1555, Bataille de Tenda
(4) 1564, à son retour de la cour de Catherine de Médicis.
(5) Bataille de Caccia 1564.
(6) 1567, 17 janvier. Parmi les assassins se trouvaient trois frères : Antoine, François et Michel-Ange d'Ornano, parents de Vannina, femme de Sampiero et tuée par lui.

Et de la *vendetta* les coupables excès
Cédèrent à la voix de sa ferme justice (1).
Sous l'étendart français il rangea sa milice (2)
Jusqu'aux jours où, debout sur des tréteaux sanglants,
Après son roi, la France égorgea ses enfants.

Napoléon.

Napoléon !... ce nom que l'univers admire,
Ce grand nom fait vibrer les cordes de ma lyre.
Dans le monde connu l'histoire l'a porté
Et je dois m'arrêter devant Sa Majesté.
Il faut un grand génie, il faut un grand poëte,
Pour suivre ce César de conquête en conquête
Jusqu'au faîte sublime où le sort l'a monté
Et pour pleurer enfin sur son adversité.

XII.

Mœurs et coutumes. — Fiançailles.

Le Corse par ses goûts sobre, économe et sage,
Est fait pour la famille et pour le mariage.
Dans les nœuds de l'hymen il s'engage à vingt ans
Et se montre très fier d'avoir beaucoup d'enfants ;
Mais surtout des garçons : hélas ! la pauvre fille
Est toujours mal venue au sein d'une famille.
Sitôt qu'un fin duvet fleurit sur son menton,

---

(1) 1755 à 1769.
(2) 1790.

Le jeune homme avec soin choisit dans le canton
Celle qui doit bientôt partager sa tendresse
Et son choix n'est jamais dicté par la richesse ;
J'entends celle de l'or : trop rare est celle-là.
Mais il est d'autres biens qu'il estime au delà :
L'honneur, premier besoin de son âme ombrageuse ;
Puis de cousins germains une suite nombreuse.
Mais pourquoi ces cousins ?... Ce sont autant d'Argus,
Qui de la jeune fille ont gardé les vertus.
Contre les ennemis ce galant appanage
De sa protection assure le ménage ;
Et des époux enfin c'est la garde d'honneur,
Qui sera leur cortége au jour de leur bonheur (1).
J'ai dit que des cousins la troupe vigilante
Surveille la vertu de leur jeune parente.
Sur toi honte et malheur, amoureux imprudent,
Qui te ferais un jeu de trahir ton serment !...
Contre toi vingt poignards sortiraient de leur gaine
Et de ta trahison ta mort serait la peine.
Que si d'aucun vengeur le bras ne se levait,
Sache que ton amante au besoin vengerait
Son outrage elle-même et que d'une main ferme
A ta vile existence elle mettrait un terme.

    Naguère un villageois va trouver un bandit...
Serafino, je crois. « Mon cousin, j'ai séduit
» Fiordispina, dit-il. Elle est deshonorée.
» Mais je ne puis tenir la promesse jurée ;
» Car je ne l'aime plus. Prends sur toi l'accident ».
Celui-ci répondit : — » A titre de parent,

---

(1) Voir le chapitre suivant.

» Lorsque quelqu'un t'insulte, ou te fait une offense,
» Je dois m'associer à ta juste vengeance.
» Mais que veux-tu de moi ? que j'aille bassement
» D'un mensonge honteux me faire l'instrument ?
» Que de ta lâcheté je me rende complice ?
» Tu mérites, cousin, que mon bras te punisse
» D'avoir cru qu'avec toi je serais de moitié
» Dans une trahison. Mais tu me fais pitié.
» Va, Dieu te punira de ta conduite infâme.
» En Corse impunément nul ne trompe une femme ».
Il avait bien prédit et de Fiordispina
Il eut son châtiment : Elle l'assassina (1).

Mais détournons les yeux de ces sombres images
Et revenons bien vite à de gais mariages.
Notre jeune amoureux, en galant troubadour,
La nuit à son objet va chanter son amour,
Et sa voix, que souvent la *cythare* (2) accompagne,
Frappe d'émotion l'écho de la montagne.
Alors, si la fillette entr'ouvre son volet,
C'est que du troubadour la recherche lui plaît.
Et dès le lendemain, sa demande agréée,
La parole qu'il donne est désormais sacrée.
Mais avant de prêter le serment solennel,
Que le curé reçoit et bénit à l'autel,
Il devient fiancé, selon l'antique usage,
Et donne à sa promise un objet de ménage :
Souvent une quenouille et de légers fuseaux.
A son tour elle aussi lui fait quelques cadeaux :

---

(1) Je cite deux faits identiques au chapitre XXI.
(2) L'antique cythare.

Un étui pour sa pipe, une bourse brodée
Par ses mains ; un stylet, une bague, un camée.
Malgré sa modestie et sa simplicité,
Cet échange se fait avec solennité
Devant les invités au jour des fiançailles.
Au repas qui les suit les plus belles volailles
Et les plus fins gibiers sur la table servis,
Sont des vins les plus vieux abondamment suivis.

XIII.

Mariages. — Eau lustrale. — Travata.

Elle est fixée enfin, cette heureuse journée,
Qui doit des fiancés unir la destinée.
Une semaine avant les deux futurs époux
Parcourent le canton bras dessus, bras dessous,
Entrent dans chaque ferme et dans chaque chaumière,
A la noce invitant le berger, la fermière ;
Même leurs ennemis et l'on sait que leur voix
Ramena la concorde et la paix bien des fois.
Heureuse l'union dont l'aurore sereine
Désarma la vengeance et fit taire la haine !
Mais le jour solennel venu, dès le matin
De nombreux invités apportent d'un festin
Les grands préparatifs et du prochain village
Un cortége à cheval, en brillant équipage,
Amène le futur, tout vêtu de velours
Près de la jeune fille objet de ses amours.
La mariée attend. Sa tête de madone
Des symboliques fleurs supporte une couronne,

Dont le ruban de soie à sa taille descend
Et sur sa blanche robe un long voile s'étend.
Mais bientôt aux appels de la cloche joyeuse
Se presse dans l'église une foule pieuse.
Le ministre de Dieu s'approche des époux,
Devant le saint autel prosternés à genoux ;
Et, glissant à leurs doigts l'alliance bénie,
« Dieu, dit-il, mes enfants, vous donne longue vie !
» Ma fille sur ton front je pose un seau de bois,
» Emblême de travail et de force à la fois.
» Dès ce jour où l'hymen dans ses liens t'engage,
» S'appesantit sur toi le fardeau du ménage.
» Qu'un amour mutuel te le rende léger !
» Soumise à ton époux, redoute d'échanger
» La paix, de ton foyer la plus pure richesse,
» Contre de vains plaisirs, contre une folle ivresse.
» Si Dieu, dans sa bonté, t'accorde des enfants,
» Aux vertus du chrétien forme leurs jeunes ans. »
    Mais l'office divin est dit et l'assistance
A fléchi le genou, puis s'écoule en silence.
De l'enceinte sacrée à peine est-on dehors,
Que d'une grande joie éclatent les transports.
Coups de fusil, vivats, musique, chants et danse,
Escortent les époux. Symbole d'abondance,
Par le riz que sur eux l'on répand à foison
Leur passage est marqué jusques à leur maison.
Avant que le cortége en franchisse la porte,
Dans une large coupe une matrone apporte
Du miel, autre symbole en ce jour de bonheur :
C'est l'amour dans l'hymen, la douce paix du cœur.
Chacun goûte à son tour au miel emblématique,
Avant de prendre part au repas homérique

Qu'aux fortunés époux offrent les invités.
Gigantesques rotis et somptueux pâtés
Satisfont amplement l'appétit des convives.
Le vin coule à grands flots. Ces natures naïves
Se livrent sans contrainte à leur franche gaité.
On rit, on crie, on boit. On porte la santé
Des mariés d'abord, et puis celle du père,
De l'aïeul, du parrain, de la vieille grand'mère,
Des frères et des sœurs et des cousins germains.
On s'embrasse à la ronde ; on hurle des refrains.
Aussi quand de la nuit brille une avant courrière,
Chacun s'empresse-t-il de clore la paupière.

   Le lendemain dès l'aube, à l'appel matinal
De la conque marine, on remonte à cheval.
L'épouse va quitter le toit qui la vit naître,
Pour suivre son époux, pour aller se soumettre
Dans une autre famille à des devoirs nouveaux.
Adieu, belle prairie où ses jeunes chevreaux
Broutaient l'herbe fleurie. Adieu, riant bocage,
Adieu ruisseau limpide, adieu bon voisinage ;
Et vous, parents, amis, chers hôtes du foyer,
Que nul autre jamais ne peut faire oublier ! !...
   Mais pourquoi ces rumeurs, ces luttes, ce tapage
Et ces batons levés ? Les garçons du village,
Émus de la douleur de l'épouse et des siens,
Tentent de l'enlever à ses nouveaux gardiens.
Les cousins de l'époux résistent. On s'excite.
Entre les deux partis la mariée hésite ;
Lorsque les *Paceri* (1) surviennent et bientôt

---

   (1) On appelle ainsi les vieillards qui interviennent dans ces circonstances. Ce mot signifie, on le comprend, *Pacificateurs*.

Leur voix met tout d'accord et l'on part au grand trot,
Au bruit des cris de joie et de la fusillade.
Sur sa route un ruisseau s'offre à la cavalcade ;
Chacun met pied à terre et trempant ses deux doigts,
L'épouse sur son front fait un signe de croix.
Puis tombant à genoux : « Seigneur, que cette source
» Emporte mes défauts avec elle en sa course ;
» Afin qu'en arrivant sous le toit conjugal,
» Je sois sans tache et pure autant que son cristal. »
   Enfin à l'horizon surgit un campanile.
« Là, lui dit son époux, est le modeste asile
» Où ma mère t'attend. D'ici l'œil aperçoit
» Sous de verts châtaigniers fumer son humble toit.
» Le long de la paroi grimpe la clématite ;
» De l'ardent Siroco la montagne l'abrite,
» Et la brise de mer en passant sur les fleurs
» Lui porte des forêts d'odorantes fraîcheurs.
» Tout y sent le repos. Sa porte hospitalière
» N'oppose au voyageur ni verrou, ni barrière.
» Jamais dans les longs jours de vengeance et de deuil
» Le sang de mes parents n'en a rougi le seuil.
» Et jamais le proscrit ne la trouva fermée.
» Là nous vivrons heureux, là tu seras aimée ».
   Mais voici de garçons un formidable essaim
Au devant des époux venant sur le chemin.
Par une *travata* (1) la foule est arrêtée.
Alors dans le silence une voix écoutée,
Et que de la cythare accompagne le son,
Dit sur un ton plaintif cette vieille chanson :

---

(1) Barrière de bois mise traditionnellement en travers de la route.

» Femme d'une rive lointaine,
» Dans notre vallon qui t'amène
» Et quel projet as-tu formé ?
» Retourne au lieu qui te vit naître.
» Nous ne voulons pas te connaître.
» Tu vois, le chemin t'est fermé.

» Mais de nos amis entourée
» Serais-tu l'épouse honorée
» De l'un deux ? Oh ! S'il est ainsi,
» Près de nous sois bien arrivée.
» Passe. La barrière est levée
» Et le bonheur t'attend ici.

» Reçois ces fleurs. Notre village
» Est heureux de t'en faire hommage.
» Elles sont moins fraiches que toi ;
» Mais elles sont un doux symbole,
» Une modeste parabole
» De notre amour, de notre foi.

» Voici les clefs de ta demeure.
» Puisse jusqu'à la dernière heure,
» Jeunes époux, Dieu vous bénir !
» S'il ne vous donne la richesse,
» Qu'à la plus heureuse vieillesse
» Il vous fasse au moins parvenir ».

Aussitôt aux bravos, aux vivats de la foule,
Par le passage ouvert le cortége s'écoule,
Et jusqu'au lendemain les danses et les chants
Partout de la gaité signalent les élans.

A la ville l'hymen a moins de poésie.
Souvent pour ses écus là l'épouse est choisie.
Une chaumière, un cœur, richesse des amours,
Dans nos temps de calcul vous n'avez plus de cours !...
Pour entrer en ménage il faut que le notaire
Ait de la jeune fille établi le douaire
Et que de son côté par de riches apports,
De la communauté se doublent les trésors.
Si la femme a du bien, elle est belle, elle est sage.
Que d'un luxe insolent elle fasse étalage ;
Qu'elle aime ou n'aime pas son mari ; qu'un voisin,
Ami de son enfance, ou peut-être un cousin
Déjà de doux propos ait charmé ses oreilles,
On ne fait aucun cas de misères pareilles.
Le chiffre de la dot est-il substantiel ?
Pour le bonheur, ma foi ! voilà l'essentiel.
Puis le père un matin conduit à la Mairie
Sa fille et le futur et l'adjoint les marie.

    Uniquement formé d'hommes en habit noir,
Le cortége en fumant attend sur le trottoir.
Dans leur étui l'adjoint a remis ses bésicles,
Après avoir du code acclamé les articles,
Et faire dire aux époux un *oui* sacramentel.
Voilà l'acte civil ; mais bientôt à l'autel,
Au signe de la croix, pour lequel le lévite
Consacre l'union, le cœur ému palpite.
Aux mystiques accords de l'orgue harmonieux,
Aux accents solennels des cantiques pieux,
L'œil se mouille de pleurs ; l'âme prie et s'inspire...
De la religion sur nous tel est l'empire !...
Les époux sont unis. Sans doute à leur retour
La danse et le festin occupent ce grand jour.

Non ; car tout est ici compassé, tout est grave.
D'un maintien sérieux chacun se fait l'esclave.
On embrasse l'épouse, on se serre la main,
Et puis de sa demeure on reprend le chemin ;
Mais non sans avoir fait main-basse au préalable
Sur les bonbons friands qui surchargent la table.
On croque une praline, on savoure un gâteau ;
Puis on bourre sa poche, on emplit son chapeau
De fioles de liqueurs, de fruits confits, d'amandes,
Que chez soi l'on apporte à de chères gourmandes.

XIV

L'hiver. — Le théâtre italien.

L'hiver est arrivé... Mais est-ce bien l'hiver,
Ce splendide soleil, ce ciel d'azur, cet air
D'effluves embaumé ? ce myrte aux feuilles vertes ?
D'arbousiers, d'oliviers ces collines couvertes ?
L'hiver, lorsque j'aspire en longeant le sentier
Le parfum enivrant de la fleur du rosier ?
L'hiver, lorsque tout rit ? que dans les vertes plaines
Se courbe l'oranger, sous de tiédes haleines ?
Que je vois de la mer le limpide cristal
Déposer sur la rive un flot toujours égal ?
Que la brise, qui gonfle une voile latine,
Ride à peine de l'eau la surface argentine ?
Non, ce n'est pas l'hiver. Sur un sommet lointain
C'est en vain que je vois la neige. C'est en vain
Que mon calendrier me signale décembre ;
Que Franchi, mon planton, fait du feu dans ma chambre ;

Qu'à cinq heures déjà je vois à l'occident
Se plonger du soleil le disque étincelant ;
Que ma salle à manger pour mon dîner s'éclaire
Et que de mon quartier brûle le reverbère ;
Sous la moite tiédeur qui réjouit mes sens,
Je rêve des beaux jours, je rêve de printemps.
Oh ! quel climat !... Pendant que sous un ciel grisâtre
Ailleurs on va chercher un abri devant l'âtre ;
Qu'on regarde d'un œil à la vitre collé
Courir les patineurs sur le fleuve gelé ;
Le verglas dans la rue et les nuages sombres ;
Les gens emmitouflés passer comme des ombres,
Le jardin dépouillé, ses fleurs, ses arbres morts,
En Corse tout est joie et la vie est dehors.
D'aller et de venir jamais on ne se lasse ;
On foule le gazon, on arpente la place
Du matin jusqu'au soir, sans gestes et sans bruit :
(Le Corse est toujours grave) et lorsque de la nuit
Se lève le flambeau sur la mer étoilée,
A l'heure où l'Angelus tinte dans la vallée,
Pour admirer cet astre on se promène encor.
Ah ! c'est que nulle part il n'a dans son essor
De plus molles clartés, d'effets plus sympathiques,
Ou, s'il brille au zénith de rayons plus magiques,
Transformant à nos yeux, par d'étranges reflets,
La modeste cabane et l'élégant palais.
Par lui la grande nef et les clochers antiques
Revêtent à minuit des formes fantastiques
Et les rochers, les pins, qui couronnent les monts,
Semblent des farfadets, des gnomes, des démons.
Oh ! laissant la pensée à ses vagues caprices,
Qu'il est doux de couler les heures de délices

Que nous donne la nuit sous cet heureux climat !

    Pourtant il est encore un plaisir délicat
Que la foule recherche ici : c'est la musique.
Elle court chaque soir au théâtre et se pique
De son goût raffiné. Rossini, Bellini,
Donizetti, Verdi ; bref tous les noms en *i*,
Voilà ses favoris. Les grands maîtres de France
Ne sont rien près de ceux de Rome ou de Florence.
Ne lui parlez donc pas de Boïeldieu, d'Auber,
De Nicolo, Gounod, Adam ou Mayerbeer.
Le *Trouvère* est beaucoup au-dessus du *Prophète*;
Don Pasqual fait pâlir les *Noces de Jeannette,*
Zampa, le *Domino*, l'*Éclair*. Quant au *Barbier*
Il n'a pas son pareil dans l'univers entier.
    Pour entendre sans trouble une œuvre magistrale,
Un soir je m'isolai dans un coin de la salle.
On ne blâmera pas cette précaution,
Lorsque l'on connaîtra le peu d'attention
Qu'on prête à l'opéra. L'on cause. Les toilettes
S'étalent hardiment et bravent les lorgnettes.
Chaque famille aisée a sa loge salon,
D'où plonge sur la scène un élégant balcon.
On y vient en visite et l'on y soupe même.
Quant l'actrice en faveur chante son joli thème,
Pendant quelques instants on écoute, on se tait ;
Puis en criant *brava* l'on lui jette un bouquet.
Quant au menu frétin, aux vulgaires choristes,
Ils ne sont applaudis que par les machinistes.
Pour le même public aussi depuis un mois,
On donnait *Ernani* pour la quinzième fois
Et si beau que ce soit, à la fin on s'en lasse.

Un hasard bienveillant avait marqué ma place
Près d'un dilettante, recueilli, sérieux.
Il n'avait pas quitté le théâtre des yeux
Pendant le premier acte et depuis l'ouverture
Je lisais son bonheur écrit sur sa figure.
Quand la toile tomba, je me tournai vers lui.
« L'œuvre, fis-je, qu'ici l'on admire aujourd'hui,
» Monsieur, a succombé sur la scène française,
» Voilà plus de dix ans. — Monsieur, je suis fort aise,
» Dit-il, de notre goût que vous soyez témoin.
» Qui n'aime point Verdi n'est qu'un turc, un bédouin.
» Pardon !.. j'aurais dû dire un entêté classique...
» Par de serviles lois enchaîner la musique,
» C'est brider le génie, entraver son ardeur.
» Eh ! qu'il soit incorrect ; mais qu'il charme le cœur !...
» Eh bien ! dans *Ernani* tout émeut, tout étonne :
» Plus étrange est l'effet, plus l'auditeur frissonne,
» Et plus il sent en lui grandir l'émotion.
» Telle est de l'art, monsieur, la noble mission.
» Libre à vous, s'il vous plaît, d'enfermer la pensée
» Dans les étroits replis d'une règle tracée.
» Vous ne serez jamais qu'un pâle imitateur,
» Un plagiaire enfin... L'artiste est créateur.
» — Plagiaire, qui donc ?... cette dure parole
» Injustement, monsieur, frappe la vieille école.
» Plagiaires Weber, Gretry, Lully, Mozart,
» Herold et Rossini, ces grands maîtres de l'art ;
» Parce qu'ils ont toujours respecté la méthode,
» Qu'ils n'ont pas escompté les faveurs de la mode,
» Qu'ils ont sacrifié le caprice au bon goût,
» Que leurs chants immortels nous révèlent partout ?...
» Les succès de *Robert, Sémiramis, Moïse,*

» La *Juive*, le *Châlet* sont-ils une surprise ?
» Le siècle les proclame et la postérité
» Les marquera du sceau de l'immortalité.
» Verdi complaisamment sort des routes battues.
» Son génie, il est vrai, s'élève dans les nues
» Par moments ; puis, après d'étonnantes beautés,
» Surgissent tout-à-coup des trivialités
» Qui glacent l'auditeur. Est-ce chercher à plaire ?
» La musique, à mon sens, doit être populaire.
» Prolétaire, artisan, dans son cœur porte inné
» Le sentiment du beau, comme l'homme bien né.
» Qu'un modeste ouvrier s'en aille le dimanche
» Entendre *Romeo*, *Norma*, la *Dame blanche* ;
» Il fredonne, en marchant, les motifs à minuit.
» Ils frapperont demain l'écho de son réduit,
» Sortant de sa mémoire aussi frais que la veille.
» Ah ! c'est qu'ils ont charmé son cœur et son oreille.
» Il faut vingt jours et plus pour bien apprécier
» Une œuvre de Verdi, dites-vous. L'ouvrier,
» L'employé, le commis ne veulent pas attendre,
» Et dès le premier soir, s'ils ne peuvent comprendre,
» Les opéras par eux sont vite abandonnés.
» Verdi ne chante-t-il que pour les abonnés ?
» Les gens de goût sont-ils seulement dans les stalles ?...
» Ou le parterre est-il composé de Vandales ? »
   Ce colloque un peu vif n'était pas achevé,
Lorsque à mon grand plaisir le rideau s'est levé.

XV.

Bals masqués. — Episode d'un bouquet.

Au talent des chanteurs je dois rendre justice.
J'applaudis de grand cœur à la première actrice.
Basse-taille, ténor, contralto, baryton
Chantent avec ampleur, méthode et dans le ton.
Mais que dire des chœurs !... quatre ou cinq pauvres hères,
Tantôt bandits, tantôt seigneurs, tantôt sicaires,
Tant dans la clef de *fa* que dans celle de *sol*,
Hurlent à pleins poumons en *diéze*, en *bémol*.
L'orchestre est maigre, hélas ! deux ou trois chanterelles
Grincent, à qui mieux mieux, assez d'accord entre elles.
Clarinette, cor, flûte, et cornet, et basson
En se donnant le *la* sont presque à l'unisson.
Costumes et décors prêtent à la critique.
Ils sont fanés, fripés, sans cachet historique.
Mais il faut bien enfin se montrer indulgent
Pour la direction toujours à court d'argent,
Et qui ne paie, au prix d'énormes sacrifices,
Que cent écus par mois ses grandes cantatrices.
Par ce chiffre chacun du reste jugera.
En Corse on ne peut pas acheter l'opéra
Aussi cher qu'à Paris. Pour douze francs qu'il donne
Pour autant de cachets, un amateur s'abonne.
Heureusement pour lui que l'impresario
Donne les bals masqués où court Ajaccio.
Vous n'y trouverez pas le riche janissaire,
La marquise à paniers, le brillant mousquetaire,

L'odalisque exhalant les parfums du sérail,
Ou Ninon coquetant avec son éventail.
Colombine, Arlequin, Pierrot, Polichinelle
Jamais de leurs lazzis n'y troublent la cervelle.
Vous n'y condoierez pas le sémillant marquis,
Dont la poudre en passant inonde vos habits,
L'effronté débardeur, le titi, la bergère ;
Ni le grave pacha lorgnant la bayadère.
Les senteurs des bouquets, l'éclat de mille feux
N'y charment pas les sens, n'y blessent pas les yeux,
Et les galops de Strauss, dans cette saturnale,
Ne soulèvent jamais une foule infernale.
Le tricorne légal du sergent vertueux
N'y gêne pas l'élan d'un cancan orageux.
Non ; la femme a son masque et, jetant sur la tête
Un jupon, la voilà déguisée en *faldette*.
C'est là pour tout l'hiver le seul déguisement ;
Et quant aux cavaliers, ils dédaignent vraiment
De s'affubler au bal d'un grotesque costume.
C'est peu grave et d'ailleurs ce n'est pas la coutume.
Puis sous l'habit de ville on est mieux protecteur,
Quand on a là sa femme, ou sa fille, ou sa sœur.
Tout se passe à ces bals du reste avec décence.
On entre, on se promène ; on fait un tour de danse.
Si l'on croise quelqu'un, on dit : « Je te connais.
» Je puis dire ton nom et pourtant je me tais ».
Tel est le plus souvent l'esprit de tous ces masques.
Là nulle intrigue, point de turbulentes frasques,
De dialogues vifs. Cependant certain soir
Je voyais voltiger près d'un *faldette* noir
Un guerrier, jeune encor favori de Bellone.
(A Magenta l'on dit qu'il imita Cambronne).

Le masque était au bras d'un frère, d'un ami...
Qui sait ?.. peut-être même au bras de son mari.
Il portait à la main un bouquet magnifique
Qu'il crut être l'objet du regard sympathique
Du brillant officier. « — Ah ! mon bouquet te plaît ?
» — Beau masque, moins que toi ; mais enfin tel qu'il est,
» Je serais trop heureux si ta main me le donne.
» — Eh bien ! je te promets (ne le dis à personne),
» De faire ton bonheur en partant, à minuit.
» — Serais-tu Cendrillon, par hasard ? — Tu l'as dit. »
    Mais près de là veillait une femme jalouse.
Du volage héros c'est la fidèle épouse.
De ce court dialogue elle n'a rien perdu :
Son front en a pâli, son cœur en est mordu.
Pourtant avec effort sa rage se modère ;
Mais gare tout à l'heure à sa juste colère !...
Minuit sonne. Au milieu du brio d'un lancier
Le cavalier galant semble tout oublier.
« Eh ! eh ! fit le *faldette* en lui touchant l'épaule,
» Voici l'heure, mon cher, et je tiens ma parole.
» Ne t'en souviens-tu pas ? Tiens, voilà mon bouquet ».
Notre jalouse alors s'élance : « S'il vous plaît,
» Mon mari ne reçoit des fleurs que de sa femme »,
Dit-elle en saccageant le bouquet. « — Sur mon âme !
» C'est trop impertinent, reprend le masque noir.
» Adieu, belle tigresse... et peut-être au revoir ».
Pour aller à ces bals toute belle indigène
D'un deuil parfois récent sait oublier la peine.
Du grand monde il se peut qu'un sentiment pieux
L'éloigne ; mais masquée, elle brave les yeux.
Son humble vêtement met sa pudeur à l'aise.
Quant à sa conscience, il faut qu'elle se taise.

L'usage ici fait loi. Nul ne croit faire mal
En s'affublant d'un masque au jour de carnaval.
Pourtant le lendemain, avec certaine audace,
Ces dames oseront vous soutenir en face
Qu'elles étaient, hélas ! au lit la veille au soir,
Souffrant, et que dehors vous n'avez pu les voir.
Vous aviez reconnu leur maintien, leur tournure,
Le timbre de leur voix ?.. erreur !.. et l'on vous jure
Qu'on avait mal aux nerfs. Non, on serait haché
Plutôt que d'avouer ce cher petit péché.
Dieu les en absoudra, je le crois quand j'y songe,
Bien plus facilement que de ce gros mensonge.

XVI.

Le jeu.

Dirai-je maintenant les bouillantes ardeurs
Que la dame de pique excite dans les cœurs ?
« Mais, répliquerez-vous, forcé d'être économe,
» Le Corse peut-il donc hasarder une somme
» Au jeu de baccarat, lansquenet, écarté ? »
Il ne le devrait pas, car de sa pauvreté
Il ne peut faire, hélas ! un mystère à personne ;
Mais on sait qu'autrement la passion raisonne.
Est-ce avarice, orgueil ? l'un et l'autre à la fois,
Peut-être ; mais enfin ce que, pendant un mois,
Il gagna pour nourrir ses enfants et sa femme,
Il l'expose au hasard d'un as ou d'une dame,
Sans crainte, sans remords. Voyez-le, l'œil en feu,
Le visage crispé s'absorber dans le jeu.

Sa main de son côté fièvreusement amène
L'or massé sur sa carte. Il gagne, il a la veine...
Son bonheur l'éblouit. Il ne songera pas
A faire Charlemagne... Oh ! ce serait trop bas.
D'ailleurs, lorsque le sort si bien le favorise,
Lui tourner les talons serait une sottise.
Pourtant le sort se lasse et la chance a tourné.
Il n'y croit pas encor, tant il est fasciné.
Il triple son enjeu, sourit d'un air de doute,
Quand chaque nouveau coup le mène à la déroute.
Il veut forcer la veine à revenir à lui.
Il ne s'aperçoit pas qu'un nouveau jour a lui,
Que ses premiers rayons sur la table se glissent
Et que dans leurs flambeaux les lumières pâlissent ;
Que l'aiguille a marqué plus du tour du cadran
Depuis qu'il est au jeu ; que déjà son bilan
N'a plus qu'un mince actif ; que le moment approche
Où sa main fouillera vainement dans sa poche.
 Enfin il est venu ce moment redouté
Où l'espoir a fait place à la réalité.
Il a tout perdu... tout !... Il n'a plus une obole !...
Ah ! si l'on consentait à jouer sur parole !..
Mais il lui faut rentrer au logis. Là le pain
Va sans doute manquer. Ses enfants auront faim.
Qu'importe à ce joueur ? L'aspect de leur misère
Sur lui produira-t-il un effet salutaire ?
N'éveillera-t-il pas un remords dans son cœur ?
Non ! qui ne sait que rien ne corrige un joueur ?
Ce funeste penchant n'épargne aucune classe.
Au marché le berger tire de sa besace
Des cartes ou des dés, et jusques à la nuit,
De ses agneaux vendus il perdra le produit.

Si l'ouvrier le soir entre dans la guinguette,
Ce n'est pas pour y boire et se mettre en goguette :
Le Corse n'aime pas le veau froid, le vin bleu,
L'orgie et ses éclats ; mais il aime le jeu.
On a vu des joueurs s'attabler face à face,
Le pistolet au poing, se faisant la menace
De se tirer dessus, si quelques coups adroits
Trahissaient chez l'un d'eux de trop habiles doigts.

XVII.

L'été. — La *malaria*. — Villégiature. — Eaux thermales.

Le brûlant Sirius a dévoré la plaine ;
L'énervant Siroco (1) courbe sous son haleine
La rose des jardins et la fleur des buissons.
Dans les champs altérés languissent les moissons.
Le laboureur craintif a fui dans sa chaumière
De la malaria le poison délétère.
L'ouvrier de l'usine a quitté l'atelier,
Pour aller s'abriter sous un vert marronier
Qu'arrose dans son cours une onde vive et pure
Au sommet d'un vallon. La villégiature
Est le besoin de tous. Citadins et bergers
Vont chercher le repos à l'ombre des vergers.
Aux flancs de la montagne une docte naïade
Par des bienfaits connus attire le malade.
Ici Puzzichello, là Guagno, Guitera,

---

(1) Vent d'Afrique.

Plus loin Pietrapola, le vallon d'Orezza,
Offrent à nos douleurs de généreuses sources.
Touristes désœuvrés, qui rêvez dans vos courses
Les aspects luxueux du boulevard de Gand,
Des menus de Chevet le confort élégant,
Vous qui vous pavanez sur la plage à Trouville,
Gantés, emprisonnés dans vos habits de ville ;
Émérites viveurs ou gandins surannés,
Qui cherchez en tous lieux les plaisirs raffinés ;
Femmes du demi-monde, insensibles coquettes,
Qui trainez après vous le bruit de vos toilettes,
Le scandaleux renom de vos amours blasés ;
Vous dont le cœur est sec, dont les sens sont usés,
Ne venez pas ici. Notre modeste table
Vous ferait regretter l'opulent confortable
Des soupers délicats du café de Paris.
Vous ne trouveriez pas, sous nos humbles lambris,
L'alcôve que le luxe et les arts ont ornée,
Ni la couche moëlleuse et bien capitonnée.
Vous n'y trouveriez pas les salons fastueux
Qu'ouvrent Bagnère et Bade à des hôtes nombreux.
Ne venez pas ici... Mais vous, de la souffrance
Martyrs que ne sait pas soulager la science,
Les sources de la Corse ont pour vous des secrets
Qui trompent des docteurs les funestes décrets.
Venez !... Venez vieillard que courbe un rhumatisme,
Jeune homme que menace un cruel anévrisme,
Belle enfant dont les lys effacent le carmin,
Et dont un mal précoce alanguit le matin.
Venez et plongez-vous dans l'onde bienfaisante ;
Vous aurez votre part de sa vertu calmante.
Venez aussi, poète, artiste, homme de cœur,

Vous qui dans son ouvrage aimez le créateur,
Admirez avec nous ces cimes grandioses
Où l'aurore en passant jette ses teintes roses ;
Où, plongeant sur la neige à son brillant essor,
Le jour de diamants charge son manteau d'or.
Voyez la grande roche à son sommet brisée
D'où s'échappe en grondant la cascade irisée,
Qui roule au fond du val en flocons écumeux.
De son lit de granit les détours sinueux
Arrosent des makis les tiges séculaires.
Sans crainte avancez-vous sous ces vertes clairières ;
Le mouflon et le cerf, fauves inoffensifs,
Peut-être devant vous fuiront sous les massifs.
Mais des grands carnassiers les races dangereuses
N'habitèrent jamais ces forêts plantureuses.
L'herboriste explorant les monts, en son chemin
Du reptile n'a pas à craindre le venin,
Et combien de trésors lui cache la verdure!
Tout est calme et grandeur ici dans la nature.

XVIII.

Hospitalité. — Paysages. — La *Sémillante*.

Errant seul, égaré, certain jour je voyais
Au loin fumer un toit sous un feuillage épais.
Il fallait arriver à cet abri propice.
Raide était le sentier bordant un précipice.
J'y parvins cependant, non sans avoir vingt fois
En tremblant envié l'adresse du chamois.
La porte en fut ouverte. Un homme à barbe blanche

En sortit. De corail il portait une branche,
Préservatif, croit-on, contre le *mauvais œil*.
« Etranger, me dit-il, daigne franchir le seuil
» De ce modeste asile. En Corse la chaumière,
» Si pauvre qu'elle soit, sait être hospitalière.
» Entre et viens avec nous partager le foyer,
» Le lait de nos brebis, le fruit du châtaignier.
» Sur tes traits altérés je lis la lassitude ;
» Tu dormiras en paix dans notre solitude.
» — Ton hospitalité me séduit, bon vieillard,
» Repris-je; mais avant laisse-moi d'un regard
» Parcourir de ces monts les crêtes dentelées ;
» Admirer ces hameaux épars dans les vallées,
» Riantes oasis sur le bord du torrent.
» Aussi loin que ma vue à l'horizon s'étend,
» Quelle est cette échappée où la vague moutonne ?
» — Noble étranger tu vois le golfe de Sagone.
» Une grande cité là jadis a fleuri,
» Hélas ! comme Ninive un jour elle a péri.
» De ses riches palais la plus légère trace
» Ne l'indique pas même au cavalier qui passe.
» A ta gauche vois-tu s'élever trois îlots,
» Peu séparés entre eux, s'avançant dans les flots ?
» Pourquoi leur donna-t-on le nom de Sanguinaires ?
» De brigands redoutés furent-ils les repaires ?
» Non, un lichen pourpré qui s'attache à leur flanc
» Au lever du soleil prend la teinte du sang.
» A ta droite Cargese est un joli village.
» Là quelques grecs proscrits désertant leur rivage,
» Dans l'avant-dernier siècle ont mouillé leur vaisseau,
» Et d'une colonie ont fondé le berceau.
» Ne différant de nous en rien par le costume,

» Ils ont de leur pays conservé la coutume
» Et la religion. Rarement un hymen
» Mêle leur sang au nôtre. Aussi peu d'examen
» Suffit pour retrouver le type de leur race :
» Chez les femmes, beauté ; chez les hommes, audace.
» Devant toi Létia, qui s'adosse au makis,
» Garde le souvenir de ses fameux bandits.
» Au nom seul d'Arrighi chacun encor frissonne.
» Pour le prendre il fallut une forte colonne.
» Cerné dans son réduit par tout un peloton,
» Qui d'une citadelle amenait un canon,
» Il mit à se défendre un courage farouche,
» Et quand il eut tiré sa dernière cartouche,
» Il sortit de sa grotte et, se posant sans peur
» Devant un soldat corse, il lui dit : vise au cœur.
» Il tomba mort. Renno, caché dans ce bocage,
» D'une autre Cornélie admira le courage.
» Sous le grand Paoli son fils aîné périt :
» Elle arma le second et le lui conduisit.
» Enfin voici Guagno. De ses eaux minérales
» On vante justement les bienfaits. Ses annales
» Du bandit Théodore ont conservé les faits.
» Jamais son ennemi n'eut ni trêve, ni paix,
» Et *Roi de la montagne* était son nom de guerre.
» Son fils à ses côtés combattait : heureux père !
» A l'extrême horizon les monts du Nebbio
» Te cachent le détroit de Bonifacio.
» Debout sur un rocher, qui surplombe les ondes,
» La ville a sous ses pieds des cavernes profondes
» Où la mer et le vent mugissent à l'envi.
» En face le marin, des Iles Lavezzi
» Evoque avec terreur les souvenirs funestes

» Et salue en passant quelques croix, tristes restes
» D'un malheureux vaisseau jeté sur un brisant.
» Tout s'engloutit et tout périt en un instant.
» Il portait une part de notre brave armée
» Qui se couvrait de gloire alors dans la Crimée.
» Ce drame pour témoin n'eut qu'un horrible autan
» Et que la brume épaisse. A travers l'ouragan
» Un berger crut entendre une clameur immense ;
» Mais rien ne troubla plus le sinistre silence ;
» Si ce n'est du goëland les lamentables cris.
» Le lendemain la mer se couvrait de débris,
» De cadavres, d'affûts ; et la vague écumante
» Déposa sur la rive un nom : La *Sémillante*.

XIX.

Cabane d'un berger. — Superstitions.

» Mais le soleil déjà disparait sous les flots
» Et tout autour de nous se prépare au repos.
» De la nuit au zénith brille la messagère.
» C'est l'heure où le berger regagne la chaumière.
» Entrons, noble étranger. » Je suivis. De ce lieu
L'âtre fumant encore occupe le milieu.
Dans un coin étendu sur de la feuille sèche
Je vois deux beaux garçons. Soc, rateau, serpe et bêche
Pêle-mêle ornent seuls la paroi de sapin.
La chèvre et la brebis bêlent dans l'autre coin,
Pendant qu'une fillette en pressant leurs mamelles
De leur lait écumeux remplit des écuelles.
Près de l'âtre une femme allaite un pauvre enfant

Anochiato (1) peut-être. Elle prie et répand,
Dans un vase plein d'eau suspendu sur sa tête,
Deux ou trois gouttes d'huile et regarde inquiète.
Si l'huile disparaît au fond, tout est perdu ;
La voit-on surnager tout le charme est rompu.
Le berger est pieux ; mais croit au maléfice.
La croix, qui du démon conjure la malice,
A son premier élan ; puis cet esprit naïf
Dans le surnaturel cherche un préservatif.
Folles sont ses terreurs et superstitieuses
Ses croyances. Souvent des voix mystérieuses
Se glissent à minuit dans les plaintes du vent,
Disant le chapelet près du lit d'un mourant,
Proclamant de la mort le funèbre message.
Le cri de la chouette est de triste présage.
Une poule qui chante, un aboiement plaintif
Du chien pendant la nuit, indice positif
D'un sombre évènement. L'ouragan en furie
Pronostique un malheur menaçant la patrie.
Le Corse a dans son cœur la foi du charbonnier,
Mais il a confiance aux arrêts du sorcier,
Qui des esprits follets sait dominer l'empire,
Préserve ses enfants de la dent du vampire
Et pour les fiancés a de sûrs talismans,
Qui dans l'urne du sort protègent les amants.
L'amulette qu'il donne a fait plus d'un miracle.
De la plaine et des monts sa parole est l'oracle.
Son magique pouvoir sur le malin esprit
Assure la vengeance et garde le bandit.

---

(1) Qui a le *mauvais œil*.

Sobre fut le souper et longue la veillée,
Où j'assistai couché sur mon lit de feuillée.
D'un bâton résineux la blafarde clarté
A peine sous ce toit perçait l'obscurité.
Les femmes en filant d'un ton plaintif et fade
Entonnaient le refrain d'une vieille ballade.
Un chevriér lisait le Tasse et par moments
De la *Jérusalem* déclamait les beaux chants.
Dante, Tasse, Arioste, honneur de l'Italie,
Sont ici des bergers la lecture suivie.
La prière en commun enfin nous réunit
Au signal du vieillard ; puis chacun s'endormit.
Les cimes s'éclairaient des teintes de l'opale
Lorsque je m'éveillai. La cloche matinale
Annonçait l'*angelus*. Déjà dans le sillon,
Le laboureur menait ses bœufs sous l'aiguillon.
Mariant leur ramage au bruit de la cascade
Les oiseaux essayaient leur première roulade.
Lucifer éteignait sès feux, et du croissant
Se perdait dans l'azur le disque pâlissant.
Sur la crête des monts de floconneux nuages
Couraient en estompant de fantasques images,
Qu'effaçait en passant la brise du matin,
Et la mer bleuissait à l'horizon lointain.
Une frange d'argent en dessinait les côtes.
Il me fallut enfin quitter mes braves hôtes.
J'embrassai les enfants en glissant lestement
Un écu dans leur main et leur étonnement
Fut naïf : ils n'avaient jamais vu de monnaie.
La chose est peu croyable et pourtant elle est vraie.

XX.

Elections. — Côte orientale. — Conseils.

Je voulais partir seul d'abord ; mais bien je fis
De prendre un des enfants pour guide en ces makis.
C'était un beau gaillard à l'œil vif, au pied leste,
Muni d'un arsenal que recouvrait sa veste.
Le bon vieillard montant les degrés d'une croix
Nous dit longtemps adieu du geste et de la voix.
« Eh bien ! dis-je à mon guide, ami, longue est la route,
» Tachons de l'abréger en causant : Je t'écoute.
» Dis-moi sans hésiter tes projets, ton espoir.
» — Je n'ai pas d'embarras à vous les laisser voir,
» Reprit-il. Mon projet est d'être militaire.
» Ensuite mon espoir, quand j'aurai fait la guerre,
» Est de rentrer un jour capitaine au pays
» Et de ma croix d'honneur éblouir mes amis.
» — Quel âge as-tu ? — Depuis que je vois la lumière
» Les rosiers ont fleuri dix-neuf fois ; mais mon père,
» Pour me faire voter m'a donné vingt-un ans.
» Cet été l'acte fut signé par nos parents.
» Cela se fait ainsi. Suivant la circonstance
» Il n'est pas mal d'avoir deux actes de naissance (1).
» — Vous faites donc un faux pour une élection ?
» — Oh ! nous sommes alors en révolution ;
» Que ne ferions-nous pas ? S'il descend dans la rue,
» Gare à notre adversaire ! On le siffle, on le hue.

---

(1) Je puis dire que j'ai vu le fait

» Malheur à son parti, s'il vient à son secours !
» La voix de la raison alors nous trouve sourds.
» Nos folles passions sont nos maîtres suprêmes
» Et fusils, pistolets, semblent partir d'eux-mêmes.
» Le Corse jamais n'aime ou ne hait à demi.
» Qui n'est pas de son bord devient son ennemi.
» Or, si vous voulez Paul et que je veuille Pierre,
» Vous ne céderez pas, ni moi non plus, que faire,
» A moins que de nous battre ? — Oh ! l'odieux moyen !
» Est-ce ainsi que raisonne un Français, un chrétien ?
» Et comment se fait-il que l'urne électorale
» Réveille dans vos cœurs votre haine infernale ?
» La vieille *vendetta, coup pour coup, sang pour sang,*
» Je la comprends ; mais quoi ? Je puis, voulant le blanc
» Quand tu demandes noir à l'éternel problème
» Social, politique, être l'ami qui t'aime.
» Ton frère d'outre-mer, au moment solennel
» Où son pays l'appelle au vote universel,
» Calme et fier de son droit se rend à son comice.
» Pour lui c'est l'arche sainte, une loyale lice,
» C'est le *nec plus ultra* de son ambition.
» Par le scrutin public parle la nation.
» Mais quand elle a parlé chacun n'a qu'à se taire.
» Le parti qui l'emporte est-il votre adversaire ?
» Inclinez-vous : honneur à la majorité ;
» Qu'en son élu le peuple au moins soit respecté.
» Des progrès de nos jours la marche triomphale
» A vaincu l'ignorance et la force brutale,
» Et sur de vieilles mœurs quand la raison prévaut,
» Marchons avec l'idée : elle nous vient d'en haut.
» Corses, voilà comment voudrait vous voir la France ;
» Mais vos inimitiés pèsent dans la balance.

» Tout vous est un prétexte à les faire éclater.
» Oui, ce saint droit de vote, on devrait vous l'ôter
» Jusqu'au jour où, tombant aux pieds de la patrie,
» Vous y déposeriez votre haine tarie.
» Oh ! vous seriez alors des citoyens parfaits !...
» Et ne voyez-vous pas de combien de bienfaits
» Vous doteriez ainsi la terre généreuse
» Que troubla trop longtemps la discorde hideuse ?
» Unis, chacun de vous trouverait un appui
» Chez son voisin, au lieu de voir souvent en lui
» Un ennemi farouche. On s'observe, on se garde.
» Nul d'aller à son champ, ma foi, ne se hasarde,
» Et par dégoût alors vos fils se font soldats.
» L'union au foyer retiendrait tous ces bras.
» Mettant un zèle ardent à cultiver vos terres,
» Que vous abandonnez aux soins de mercenaires,
» Vous n'auriez pas chez vous ces serfs italiens,
» Qui vont porter chez eux le profit de vos biens.
» Votre or vous resterait et bientôt de l'aisance
» Vous sentiriez partout la magique influence.
» Près du pouvoir l'élu par un vote commun,
» En travaillant pour tous obligerait chacun.
» Secondant votre ardeur pour votre agriculture,
» Au lieu de vous doter de quelque sinécure,
» Il vous ferait avoir un utile crédit.
» Bien dirigé, par lui la richesse grandit.
» Vous auriez vos concours, vos fêtes agricoles,
» Vos courses de chevaux et vos fermes-écoles ;
» Et la nature en tout secondant vos efforts,
» L'étranger accourrait remplir vos coffres-forts.
» Vous avez une plaine inculte ; mais fertile,
» Qui s'étend sur la côte à l'orient de l'Ile.

» Là s'élevait jadis la grande Aleria,
» La cité des Romains ; mais la *mal'aria*,
» Plus que les Sarrasins en a fait des ruines.
» Ses champs abandonnés sont couverts de racines.
» Au lieu du vaste port que couvraient ses vaisseaux,
» Vous avez un étang aux croupissantes eaux,
» Dont le laboureur fuit les miasmes fétides.
» Quelques rares pêcheurs aux traits hâves, morbides,
» Se traînent sur ses bords pendant l'hiver. L'été
» Ce rivage funeste est partout déserté.
» Et cependant, épris d'une riche nature,
» Des savants, dévoués aux essais de culture,
» Ont semé quelques champs de froment ou de riz
» Et fait de loin en loin de vertes oasis.
» Le voyageur, qui suit la longue route plane,
» Les voit avec bonheur et se croit en Toscane.
» De nombreux ouvriers exploitant les travaux,
» Un riche industriel a créé des fourneaux (1) ;
» Mais vienne de juillet l'ardente canicule,
» Quand la fièvre s'abat avec le crépuscule,
» Les fourneaux sont éteints, les champs sont délaissés
» Et les plus courageux loin de là sont chassés.
» Eh bien ! que faudrait-il pour assainir la plaine ?
» De l'entente d'abord pour les travaux de peine ;
» Se mettre tous à l'œuvre et combler les marais ;
» Y semer des moissons, y planter des bosquets,
» Des pins, des oliviers, des vignes plantureuses ;
» Y faire circuler des rigoles nombreuses
» Sur des prés verdoyants ; et, sous votre terrain,

---

(1) L'usine métallurgique de la Solenzara.

» Par des conduits profonds faire passer le drain.
» De vos larges étangs rapprocher les deux rives,
» Où les torrents des monts porteraient les eaux vives.
» Enfin de *Diana* relever l'ancien port,
» Où viendraient s'abriter les vaisseaux de haut bord.
» Vous le savez, hélas ! trop souvent cette plage,
» A défaut de refuge, a conduit au naufrage.
» Pour cela, dites-vous, l'État y pourvoira.
» Non... aidez-vous d'abord, puis on vous aidera ;
» Mais méditez surtout le vieil adage : En Corse
» Aussi bien que partout, *l'union fait la force.* »

ÉPILOGUE

XXI.

Dévote et Rose, épisodes. — Avenir.

A peine de dix ans date cet entretien,
Et l'homme impartial voit déjà que le bien
S'introduit par degrés dans les mœurs, les usages.
Il est le résultat de lois dures ; mais sages.
On pense à sa famille avant de se venger.
On sait qu'on va sur elle attirer le danger
Et de l'opinion le courant qui domine
Recourt aux tribunaux et devant eux s'incline.
C'est d'eux que l'on attend les réparations
Que se faisaient jadis de folles passions.
Bien plus: pendant longtemps la faute d'une fille

Soulevait des vengeurs dans toute la famille.
On n'a que rarement à déplorer ces faits,
Origine autrefois de criminels forfaits ;
Mais quand il s'en produit, le calme, la prudence,
Remplacent aujourd'hui l'aveugle violence.
Les frères, les amis, le père de l'amant
Lui-même, font appel à la foi du serment.
Le succès bien souvent a couronné ce zèle
Et leur voix a conduit à l'autel l'infidèle ;
Mais que le séducteur résiste, et le poignard
De son amante, en fait justice tôt ou tard.
Ce fatal dénoûment, châtiment exemplaire,
N'engendrera jamais la haine héréditaire.

 De Dévote Obissa le roman est d'hier.
D'Abrani son amant son amour était fier.
Il avait de beaux yeux, un blason, des richesses.
Elle fut confiante à de douces promesses
Que, bientôt délaissée, elle évoquait en vain.
Le rencontrant un jour : « De quel trouble soudain
» Dit-elle, cher amant, te frappe ma présence ?
» Tu crois à ma colère et tu crains ma vengeance.
» Rassure-toi ; l'amour nous apprend à souffrir,
» Et je t'ai trop aimé pour jamais te haïr.
» Mais le ciel est en feu. Sur nous l'orage approche ;
» Mettons-nous un instant à l'abri sous la roche,
» Dont l'écho se souvient encor de nos serments.
» Puissé-je y réveiller les tendres sentiments
» Qui faisaient mon bonheur ! » Le parjure s'étonne ;
Mais il entre. Au dehors il pleut, il vente, il tonne.
Et puis que craindrait-il ? n'a-t-il pas son stylet
En Corse bien appris ?... voire son pistolet ?
D'ailleurs adroitement il a fouillé Dévote :

Elle a trop bien caché son arme sous sa cotte.
Il ne l'a pas sentie... Alors le séducteur
Redevient l'amoureux au langage flatteur....
Elle s'y laisse prendre encor, la pauvre fille !...
Le ciel est de nouveau serein, le soleil brille.
L'heure rapidement a passé. Tous les deux,
Bras dessus, bras dessous, quittent la grotte heureux.
Qu'advint-il donc avant d'arriver au village ?
Abrani traita-t-il sa foi de badinage ?
D'insulter Devota se donna-t-il le tort ?
Dieu sait !... Mais à ses pieds elle l'étendit mort.
Ah ! c'est qu'ici l'amour n'est pas un artifice,
La passion d'un jour, un frivole caprice.
Ce pays primitif, cette terre de feu
Des faiblesses du cœur ne se fait pas un jeu.

 Rosine a dix-huit ans. Elle est belle et jalouse
Comme l'est une Corse et plus qu'une Andalouse.
Se disant fiancé, certain jour son amant
De Paola lui montre un portrait... l'imprudent !...
Son cœur est torturé. Dans ses veines circule
La fièvre de l'enfer... Mais Rose dissimule
Et, nouvelle Judith, elle attend le sommeil
Qui pour le séducteur n'aura pas de réveil.
Alors, d'un pas furtif sortant de sa couchette
Elle saisit la hache et lui tranche la tête (1).
C'est plus que n'a jamais raconté le passé
En Corse, et Clémenceau par Rose est surpassé.

---

(1) Ces deux crimes ont été jugés par la Cour d'assises de Bastia, en octobre 1865. Dévote, pour laquelle la provocation a été admise, a été condamnée à cinq ans de réclusion ; Rose à dix ans de travaux forcés.

Mais laissons dans l'oubli ces jeunes criminelles :
Le verdict du jury pèse aujourd'hui sur elles.
Dieu puisse-t-il un jour les absoudre!... A présent,
Jetons sur l'avenir un regard complaisant.
L'épreuve de dix ans suffit pour en répondre.
Le banditisme éteint, nous avons vu se fondre
La haine des partis ; pour beaucoup désormais
Succéder à la lutte une honorable paix ;
Par des liens étroits s'unir des adversaires,
Abjurant sur l'autel leurs coupables colères.
Exemples applaudis, nobles enseignements,
Qui rachètent déjà d'anciens égarements.
Eh bien ! de cette paix le progrès dans cette Ile
Amène le bien-être aux champs comme à la ville.
Le Cap chez nos voisins exporte ses cédrats,
Ses raisins succulents et ses vins délicats ;
Mieux soigné, l'olivier enrichit la Balagne.
Partout le montagnard défriche sa montagne
Et partout les moissons et de nombreux semis
Remplacent la bruyère et l'aride makis.
De bateaux étrangers les darses se remplissent ;
Les deux grandes cités rivales s'embellissent (1).
L'une, de son granit lui faisant un pavois,
A fixé sur son cours sa famille de Rois.
Elle a de ses palais multiplié le nombre ;
A l'entour répandu plus de verdure et d'ombre.
La houle par moments fatiguait ses vaisseaux ;
Elle oppose une digue à la fougue des flots,
Déferlant furieux sur l'ancienne jetée.

---

(1) Ajaccio et Bastia.

L'autre d'un vaste port sera bientôt dotée ;
Chaque jour voit grandir ses quartiers élégants ;
D'un bel hôtel de ville on a tracé les plans ;
Un superbe palais pour le chef de l'armée
S'élévera bientôt, dit-on. La renommée
Annonce qu'un théâtre est aussi projeté ;
Mais, don plus précieux ! enfin l'édilité
Va donner un asile à ses pauvres malades,
Et s'il ne brille pas par de riches façades,
Il aura le confort et n'en vaudra que mieux.
Soulageons la misère avant de plaire aux yeux.

Je ne suis pas ton fils ; mais je t'aime et j'espère,
O Corse, voir sur toi luire le jour prospère.
Je t'aime... sur tes bords arrivé languissant,
J'éprouvai les bienfaits de ton climat puissant.
Je t'aime... et si jamais je quitte ton rivage,
Mon souvenir parfois errera sur ta plage,
Regrettant ton beau ciel et les paisibles jours
Dont rien pendant quinze ans n'a pu troubler le cours.

FIN.

TABLE DES MATIÈRES.

    I. — Ajaccio ; Paysans armés au marché . . . . . *pag.* 7
   II. — La *Vendetta* ; Le *Vocero* 11
  III. — Le bandit ; ses mœurs ; Episodes 16
  IV. — La Foce ; Vivario ; Corte. 20
   V. — Bastia ; La Cour d'assises. 23
  VI. — Promenade en ville et en rade 26
 VII. — Retour à Ajaccio ; Santa-Lucia 30
VIII. — Retrait du port d'armes ; Nouvelle Dalila 33
  IX. — Autre trahison 36
   X. — Chasse aux bandits 39
  XI. — Grands hommes de la Corse. 42
 XII. — Mœurs et coutumes ; Fiançailles 45
XIII. — Mariages ; Eau lustrale, Travata 48
XIV. — L'hiver ; Le théâtre italien 54
 XV. — Bals masqués ; Episode d'un bouquet 59
XVI. — Le jeu 62
XVII. — L'été ; La *mal'aria* ; Villégiature ; Eaux thermales 64
XVIII. — Hospitalité : Paysages ; La *Sémillante* 66
XIX. — Cabane d'un berger ; Superstitions 69
 XX. — Elections ; Côte orientale, Conseils 72
XXI. — *Epilogue* ; Dévote et Rose ; Episodes ; Avenir . . . 76

ERRATUM.

Pag. 53, vers 25ᵉ, au lieu de : *pour lequel le lévite,*
               lisez : *par lequel le lévite.*

www.ingramcontent.com/pod-product-compliance
Lightning Source LLC
LaVergne TN
LVHW021002090426
835512LV00009B/2020